Fleming / Luskey

SCHATTENFÄNGER

SCHATTENFÄNGER

DIE INDIANER NORDAMERIKAS IN HISTORISCHEN MEISTERPHOTOGRAPHIEN

Von Paula Richardson Fleming
und Judith Lynn Luskey

Aus dem Englischen von
Eva und Thomas Pampuch

Verlag C. H. Beck München

Der Übersetzung liegt folgende Ausgabe zugrunde:
Paula Richardson Fleming and Judith Lynn Luskey,
The Shadow Catchers. Images of the American Indians,
Laurence King Publishing, London 1993

Designed and produced by Calmann & King Ltd, London

Mit 129 Abbildungen in Duoton und 1 Karte

Frontispiz:
‹Die Tragstelle›. Kanus der Chippewa in Minnesota.
Photo: Roland W. Reed

Seite 8:
Der berühmte Häuptling der Chiricahua-Apachen, Geronimo,
aufgenommen 1904 bei der Louisiana Purchase Exposition in St. Louis.
Photo: Gerhard Sisters

Abbildung auf der Umschlagvorderseite:
Red Cloud, Chief der Oglala-Sioux, 1913 aufgenommen
von Joseph Kossuth Dixon

Abbildung auf der Umschlagrückseite:
Abholen der Braut. Quagyuhl (Kwakiutl).
Standphoto aus dem Stummfilm
‹Im Lande der Kopfjäger› von Edward S. Curtis

Umschlaggestaltung:
Bruno Schachtner, Dachau

Die Deutsche Bibliothek – CIP-Einheitsaufnahme
Fleming, Paula Richardson:
Schattenfänger : die Indianer Nordamerikas in historischen Meisterphotographien /
von Paula Richardson Fleming und Judith Lynn Luskey.
Aus dem Engl. von Eva und Thomas Pampuch.
München : Beck, 1993
Einheitssacht.: The Shadow Catchers ⟨dt.⟩
ISBN 3-406-40470-7
NE: Luskey, Judith Lynn:

ISBN 3 406 40470 7

Dritte, unveränderte Auflage. 1996
Für die deutsche Ausgabe:

Satz: Kösel, Kempten
Vorlagenherstellung: Eray Scan
Layout: Karen Stafford, DQP, London
Printed in Slovenia

Inhalt

Danksagung

Zum Gelingen eines Buches bedarf es vieler Helfer. Diese Veröffentlichung ist keine Ausnahme. Ohne die Unterstützung der Menschen, die nachstehend aufgezählt werden, hätte diese Arbeit nie entstehen können. Wir sind dankbar für diesen Rückhalt.

Das Smithsonian Institut hat es uns ermöglicht, bei unserer eigenen «großen Aufgabe» voranzukommen. Besonderer Dank gilt Dr. Donald J. Ortner, dem Leiter der Abteilung für Anthropologie; Dr. Mary Elizabeth Ruwell, der Direktorin der National Anthropological Archives; Jim Wilson, dem Assistant General Counsel am Smithsonian Institut; Dan Goodwin und Amy Pastan von der Smithsonian Institution Press.

Professionelle Unterstützung und Ermutigung haben wir auch von vielen Einzelpersonen erhalten. Besonders erwähnen wollen wir: Dr. Tom Kavanagh, Jerry Kerns, Lynn Mitchell, Alison Devine Nordstrom, Pater Peter Powell, Dr. Richard Rudisill, Tom Southall und Tex Treadwell. Für ihre beständigen Anregungen auch über weite Entfernung verdienen unsere geistigen Mentoren Dr. Waldo Wedel, Mildred Mott Wedel und Dr. John C. Ewers besondere Erwähnung.

Leon Kramer von der Kramer Gallery in St. Paul, Minnesota, sollte ganz besonders gedankt werden, weil er uns beeindruckende Photos von Roland Reed zukommen ließ. Viele Museen und Historische Gesellschaften stellten uns andere großartige Aufnahmen für dieses Buch zur Verfügung. Darunter John Carter und Martha Miller von der Nebraska State Historical Society; Kimberly Cody vom National Museum of American Art; Mary Kay Davies und Leslie Overstreet von der Bibliothek des Smithsonian Instituts; Barbara Mathe vom American Museum of National History; Duane Sneddeker und Kirsten Hammerstrom von der Missouri Historical Society; und die Mitarbeiter der Alaska State Library, des Milwaukee Public Museum und der National Anthropological Archives des Smithsonian Instituts.

Die Vorlagen für die meisten Illustrationen wurden uns vom Smithsonian Institution Office of Printing and Photographic Services zur Verfügung gestellt. Besonders hilfreich waren David Burgevin, Joyce Goulait, Alan Hart, Vic Krantz, Mary Ellen McCaffrey, Nick Parella, Terri Sprouell; Doc Dougherty und ein Extra-Dankeschön an Louie Thomas.

Die Idee zu diesem Buch hatte Laurence King von Calman & King Ltd. Ohne seine kreative Vision wären diese wunderbaren Bilder nicht zusammengetragen worden. Wir danken ihm für seine kontinuierliche Unterstützung und Weitsicht. Wir wollen auch der Cheflektorin Sophie Collins danken, die uns zu Beginn der Arbeit sehr geholfen hat, und Jacky Colliss Harvey, unserer so geduldigen Lektorin, die während der gesamten Herstellung und bei den üblichen Problemen in letzter Minute stets bewundernswert humor- und verständnisvoll blieb. Und wir danken unserer Herstellerin Karen Stafford für ihre Arbeit bei der Gestaltung des Buches.

Zum Schluß soll noch ein Wort des Dankes an all unsere Freunde und Familien gerichtet werden, die dafür gesorgt haben, daß wir während der Arbeit an diesem Buch stets satt, zufrieden und inspiriert waren; vor allem Edward Donnen und seiner Familie, Maxine Donnen, Agnes und Irving Luskey (†), Marion und Norton Richardson, den Familien Snarbis und Dianne Walker. Außerdem möchten wir noch Giggle und Foop für ihre Einsätze an Faxgerät und Computer danken, sowie Kevin Haslag und Elaine Snow, Michael Mainwaring, Fahmey's Pens, Sunita Gupta und nicht zuletzt den Stammgästen des ‹Childe Harold› und des ‹Old Mythical›.

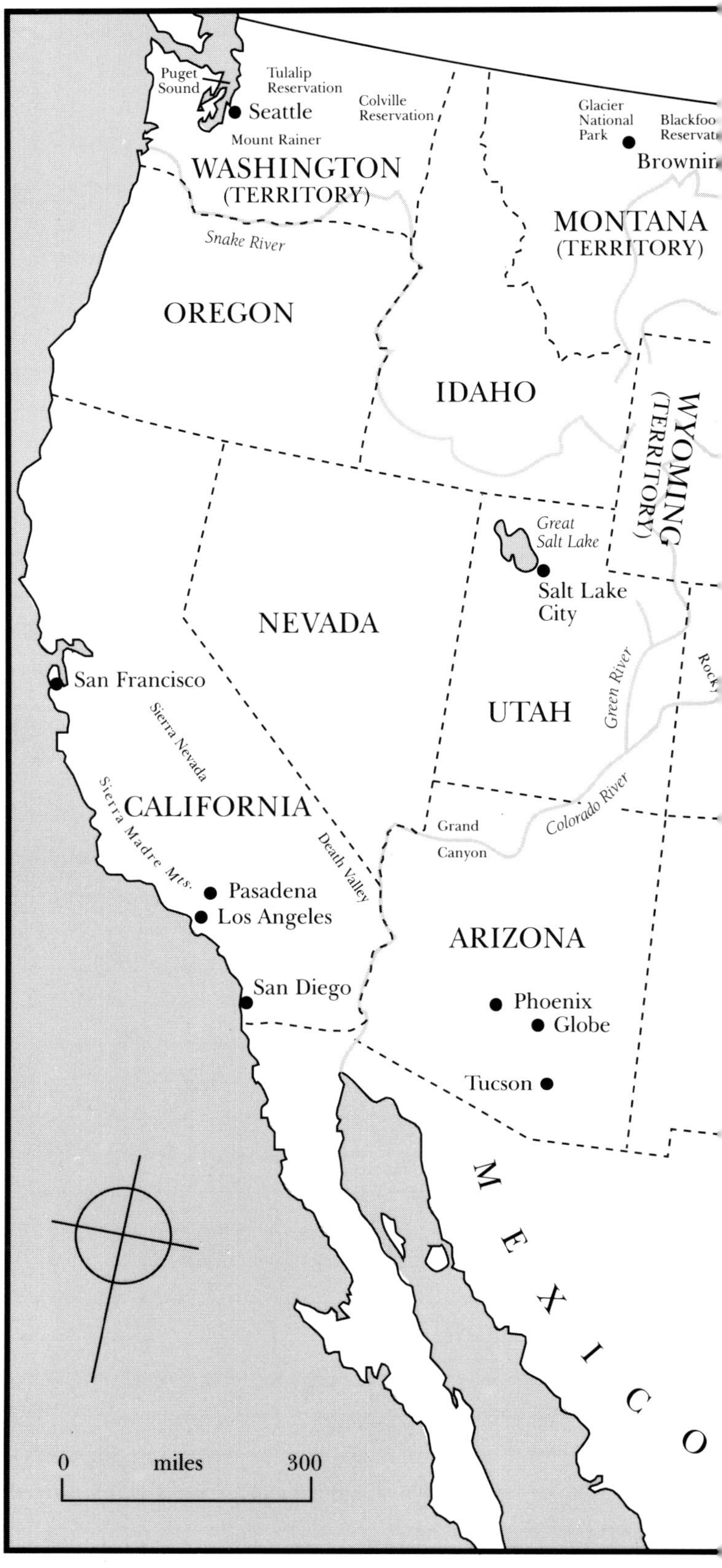

Auf dieser Karte sind vor allem diejenigen Orte eingezeichnet, die im Text erwähnt werden. Viele Gebiete waren, bevor sie Bundesstaaten wurden, Indianerterritorien. Da sich die Grenzen manchmal geändert haben, wurde hier eine moderne Karte verwendet, um die Zuordnung zu erleichtern.

CANADA
Havre
Fort Belknap
Yellowstone River
Valley of the Little Bighorn
Powder River
Fort Phil Kearny
NORTH DAKOTA
SOUTH DAKOTA
Rapid City
Rosebud Reservation
Wounded Knee
Valentine
Fort Niobrara
Fort Laramie
MINNESOTA
Red Lake
Bemidji
Minneapolis
St Paul
Ortonville
Fort Snelling
WISCONSIN
Fox River
Lake Winnebago
Lake Poygan
Fond du Lac
Milwaukee
Chicago
IOWA
Mississippi River
Omaha
NEBRASKA
ILLINOIS
INDIANA
OHIO
NEW YORK
New York City
Wyoming Valley
PENNSYLVANIA
Philadelphia
Washington D C
WEST VIRGINIA
VIRGINIA
Hampton
Denver
COLORADO
KANSAS
Dodge
St Louis
MISSOURI
KENTUCKY
NORTH CAROLINA
TENNESSEE
NEW MEXICO
OKLAHOMA (INDIAN TERRITORY)
Red River
ARKANSAS
SOUTH CAROLINA
MISSISSIPPI
ALABAMA
GEORGIA
TEXAS
LOUISIANA
New Orleans
FLORIDA
0 miles 300
ALASKA
YUKON TERRITORY CANADA
Klukwan
Juneau
Glacier Bay

"Geronimo"
copyrighted by
Gerhard Sisters
St Louis Mo.

Wir widmen dieses Buch

Gayle Russell Staton und Philip A. R. Staton H.
und Dianne Gail Walker

für ihre liebevolle Unterstützung und Freundschaft

Dr. Michael Lemp
und den
Ärzten und Mitarbeitern des Center for Sight,

Georgetown University Medical Center,
für die Rettung von Judiths Augenlicht,
so daß sie diese Photodokumentation zusammentragen konnte

Constance Stuart Larrabee

einer Photographin des 20. Jahrhunderts,
die die Völker dieser Welt photographiert

Einführung

«Gibt es etwas Traurigeres als ihre Geschichte? Als sei es ihre Bestimmung, scheinen sie zur langsamen aber sicheren Ausrottung verurteilt zu sein. Überall, wo sich der weiße Mann ihnen nähert, lösen sie sich auf. Wir hören ihre Schritte wie das Rascheln des vergilbten Herbstlaubes. Trauernd ziehen sie an uns vorüber und kehren nie mehr wieder.»[1]

Seit man weiß, welche Folgen der Aufbau eines neuen Landes für das Leben der nordamerikanischen Indianer hatte, beschäftigen sie die Phantasie der weißen Amerikaner als eine untergehende Rasse. Mit der Doktrin der «Schicksalsbestimmung» (Manifest Destiny) waren im 19. Jahrhundert sowohl das Recht wie die Pflicht der Vereinigten Staaten propagiert worden, sich über den ganzen nordamerikanischen Kontinent auszudehnen. Doch parallel dazu entwickelte sich ein zunehmendes Interesse für diese verschwindenden Kulturen, ein Interesse, das sich in vielerlei Formen ausdrückte, von persönlichen Tagebüchern bis zu wissenschaftlichen Untersuchungen. Wenn man die Indianer selbst schon nicht retten konnte, so fühlte man sich zumindest verpflichtet, ihre Lebensweisen zu dokumentieren.

Die Reaktion auf das Bild vom amerikanischen Indianer, der dem Untergang geweiht war, veranlaßte zahllose Schriftsteller und Künstler, sie in Gemälden, Beschreibungen und Photographien festzuhalten. Inhaltlich reicht dies von der Verklärung des edlen roten Mannes bis zur Befürwortung der Ausrottung blutrünstiger Wilder im Namen der Zivilisation.

Es lag auf der Hand, daß die Indianer wie die Siedler ihr eigenes Leben und ihr eigenes Schicksal bestimmen wollten, und so führten kleine Geplänkel unvermeidlich zum Krieg. Besonders die Zeitungsberichte von den Grenzkriegen und die Geschichten der Siedler, die an der «Frontier» (der Grenze zu den Indianergebieten) gelebt hatten, verstärkten die Vorstellung vom blutdürstigen Wilden.

Diese Berichte authentisch zu illustrieren, war aufgrund des technischen Aufwands der Photographie mit nassen oder trockenen Platten ein Problem für sich. Und wenn ein Photograph zur richtigen Zeit am richtigen Ort war und seine Ausrüstung bereits aufgebaut hatte, konnte er in große Gefahr geraten. Viele «Frontier»-Photographen reisten deshalb im Schutz von Militäreinheiten, und selbst das war keine Sicherheitsgarantie. Der «Frontier»-Photograph Ridgway Glover beschrieb seine Erfahrungen mit den Indianern in einer Artikelserie, die der ‹Philadelphia Photographer› 1866 veröffentlichte. Darin heißt es: «Sie sahen sehr wild und barbarisch aus, als sie um uns herumgaloppierten; ich wollte auf der Stelle ein paar Aufnahmen machen, doch der Kommandeur befahl mir, dies zu unterlassen, da er jeden Moment mit einem Angriff rechnete... Sie griffen unseren Zug von hinten an, töteten zwei Soldaten und verloren selbst zwei Männer.»[2] Kurz darauf erschien eine Notiz in derselben Zeitschrift: «Am 14. September wurde Mr. Ridgway Glover unweit von Fort Phil Kearny von Sioux-Indianern getötet. Er wurde skalpiert, umgebracht und furchtbar verstümmelt.»[3]

Eine weitere Schwierigkeit dieser frühen Periode bestand darin, daß Photographien nicht im Druck reproduziert werden konnten und man sich auf die Phantasie von Künstlern verlassen mußte, deren Interpretation der Ereignisse dann in für den Druck geeignete Stiche umgewandelt wurde. Wo immer es möglich war, nahm der Illustrator James E. Taylor Photographien als Grundlage für seine Zeichnungen, die er in Zeitschriften veröffentlichte. Aber um eine Szene zur Gänze darzustellen, mußte er sich doch auf seine eigene Kunstfertigkeit verlassen. Auch wenn er sich dabei um größtmögliche Genauigkeit bemühte, haben dennoch Bilder wie etwa

Der berühmte Häuptling Sitting Bull, ein Hunkpapa Dakota, 1885.
David F. Barry

Photographie eines Shoshonen-Paares, die mit Unterschriften wie ‹Venus und Adonis› verkauft wurde. Das Bild wurde in den 60er und 70er Jahren des 19. Jahrhunderts unter anderem von Savage und Ottinger aus Salt Lake City und von Edric Eaton aus Omaha vertrieben.

seine Darstellung der Folgen eines Indianerüberfalls nur dazu beigetragen, den Eindruck zu verstärken, daß es sich bei den Indianern um unzivilisierte Wilde handele. Dies belegt auch eine zeitgenössische Beurteilung seiner Arbeit: «... die Serie der Illustrationen von Mr. James E. Taylor (zeigt) die Indianer bei ihren Lieblingsbeschäftigungen, wie dem Skalpieren, Foltern, Verstümmeln und Kämpfen ... Die Bilder bestärken uns auch in der Meinung, daß der beste Indianer ein toter Indianer ist.»[4]

Indianer wurden allgemein als Untermenschen angesehen und waren deshalb ein beliebtes Objekt für schlechte Witze. So brachten die Photographen Savage und Ottinger und Edric Eaton in den 60er und 70er Jahren das Photo eines Shoshonen-Mannes mit Frau unter dem Titel ‹Venus und Adonis› in Umlauf. Die englische Sprache wurde durch Wörter wie «buck» (Slang für Dollar) bereichert. Obwohl es ursprünglich die Abkürzung von «buckskin» (Wildleder), einer Maßeinheit im Handel mit den Indianern war, wurde das Wort sehr bald allgemein mit dem abfälligen Wort für «Bock» in Verbindung gebracht.[5]

Mit dem Massaker von Wounded Knee 1890 waren die Indianerkriege praktisch beendet. Im selben Jahr wurden die Indianergebiete vom Zensusbüro der USA zum ersten Mal in die Volkszählung miteingeschlossen und damit das Ende der «Frontier» angezeigt. Eisenbahnen durchquerten das Land in allen Richtungen, und da nun der Zugang und die Sicherheit garantiert waren, wurde der amerikanische Westen sowohl für Künstler wie für Photographen zu einem beliebten Objekt. Das Ende der Indianer als ethnische Einheit wurde als unvermeidlich akzeptiert. «Der Büffel war verschwunden, das Land eingezäunt, die Menschen lebten in ungewohnten, rechteckigen Häusern, der Adler war im Käfig und starb.»[6] Viele Photographen und Ethnologen erkannten jedoch, wie notwendig es war, die indianische Kultur so schnell wie möglich aufzuzeichnen. Die meisten «Frontier»-Photographen waren Berufsphotographen, und das bedeutete, daß sie meistens mit ihrer Arbeit Geld verdienen mußten – unabhängig von allen anderen Motiven, die sie für die Aufnahmen von Indianern haben mochten. Deshalb waren die zahllosen Negativsammlungen eher auf Masse als auf genau umrissene Ziele hin ausgerichtet. Das späte 19. Jahrhundert brachte dann große Verbesserungen der photographischen Techniken. Glasplattennegative und großformatige Kameras wurden durch Box-Kameras und den Rollfilm ersetzt. Durch die Erfindungen von Kodak gab es fast über Nacht 50000 Photographen, und Photographieren war nicht mehr ausschließlich eine Domäne der Professionellen.[7] Der Wunsch, die traditionellen Lebensweisen der Indianer aufzuzeichnen, erhielt durch die modernen Techniken neuen Auftrieb und ermutigte viele Photographen, sich auch ohne Profit an der «großen Aufgabe» zu beteiligen.

Einer der typischen Vertreter dieser ‹visuellen Historiker› war Frederick Monsen:

«Ich fing mit meiner Arbeit bei ihnen (den Indianern) vor 22 Jahren an, und ich habe viele Veränderungen erlebt. Ganze Stämme wurden von Krankheiten vernichtet, andere sind von der vordringenden Zivilisation in alle Richtungen zerstreut worden. Den Indianer als Indianer wird es bald nicht mehr geben. Er übernimmt die Lebensweisen des weißen Mannes und verliert die charakteristischen Eigenschaften seines Stammes. Stück für Stück gibt er seine tiefverwurzelte und umfassende Kenntnis der Natur auf, und bald werden seine Religion, seine Zeremonien, die Sitten und Gebräuche seiner Vorfahren aus seinem Leben verschwunden sein.

Dies erkennend, habe ich viele Jahre damit verbracht, ethnographische Aufzeichnungen über Indianer zu machen. Indem ich ihr Leben, ihre Gebräuche und ihre Umgebung photographierte, habe ich späteren Generationen Bilder einer Geschichte erhalten, die zeigen, was diese hochinteressanten frühen Amerikaner für Menschen waren, bevor sie durch die Einflüsse des weißen Mannes gestört wurden.»[8]

Zur selben Zeit feierte Amerika sein Wachstum und seine Leistungen mit einer Reihe von Ausstellungen. Die Indianer nahmen nun als Teil der Geschichte an den Ausstellungen als «lebende Exponate» teil und dokumentierten damit das Wachstum des Landes. In Wildwestshows sorgten sie für Spannung und erinnerten das Publikum daran, wie das Leben an der «Frontier» einst gewesen war. Ethnologen wie James Mooney hofften, mit diesen Ausstellungen das Publikum über das Leben der Ureinwohner Amerikas aufklären zu können und nutzten gleichzeitig die Gelegenheit zur photographischen Dokumentation indianischer Lebensweisen. Veranstaltungen wie etwa Schaukämpfe degenerierten hingegen unglücklicherweise bald zu Schlägereien, und das schmälerte ihren pädagogischen Wert entscheidend. Photographisch aber gab es eine Reihe «großer Aufgaben», die auch mit Erfolg durchgeführt wurden. Dazu gehörte zum Beispiel die Serie von Indianerporträts, die Frank A. Rinehart und Adolph F. Muhr auf der Trans-Mississippi and International Exposition von 1898 machten, und die der Gerhard Sisters auf der Weltausstellung in St. Louis von 1904.

Angesichts Zehntausender Kodak-Amateure mußten die Berufsphotographen Techniken und Wege finden, Bilder zu machen, die jenseits der Möglichkeiten der neuen Schnappschußtechnik lagen. Für diese Art von Photographie wurden eigene Kunstvereine organisiert. Die Photographen, die dort ausstellten, waren als «Piktoralisten» bekannt, weil sie versuchten, die Effekte impressionistischer Gemälde nachzustellen. Dabei benutzten sie extreme Nahaufnahmen, künstliche Beleuchtung, Weichzeichnerlinsen und Kolorierung, um ihre romantischen Bilder zu schaffen. Und welches Thema konnte romantischer sein als der amerikanische Indianer, der durch den Anschlag der Zivilisation zum Aussterben verurteilt war?[9] Aber bald erkannten die Photographen, daß die Lebenswirklichkeit der Indianer keineswegs in vollkommener Romantik bestand. Wenn man annahm, daß die Indianer einst edel gewesen waren, «so lag der Schlüssel zur Versöhnung zwischen Erwartung und Realität darin, sich von der Gegenwart zu dem vergangenen Ideal zurückzuarbeiten».[10] Photographen wie Joseph Kossuth Dixon (bei den Wanamaker-Expeditionen) und Roland W. Reed etwa machten sich mit diesem künstlerischen Anspruch an ihre «großen Aufgaben». Das überzeugendste Beispiel aber kann man in der Arbeit von Edward S. Curtis finden, der fast 30 Jahre seines Lebens damit verbrachte, eine meisterhafte Dokumentation der nordamerikanischen Indianer zu schaffen.

Es wäre falsch, anzunehmen, daß alle Photographen, die die amerikanischen Indianer zum Thema ihrer Arbeit machten, Meister ihrer Kunst waren. Tatsache ist, daß nur ein geringer Prozentsatz von ihnen wirklich außerordentliche Bilder aufgenommen hat. Die Absicht dieses Buches ist es, einige dieser Meisterwerke genauer zu betrachten und einen Einblick in das Leben der Photographen zu geben, die sie schufen. Vor allem aber soll dem Leser ermöglicht werden, die Schönheit dieser Bilder zu erkennen, die sie jenseits aller handwerklichen Technik zu Kunstwerken macht.

Die Autorinnen wollen mit ihrer Auswahl die unterschiedlichen Ansätze und die Verschiedenheit der indianischen Kulturen zeigen, aber auch ihre ganz persönlichen Vorlieben. Bemerkenswerte Photographen wie David F. Barry und Frank J. Haynes wurden nicht aufgenommen, weil ihre Arbeiten bereits in anderen Veröffentlichungen zugänglich sind. Einige, wie etwa Edward S. Curtis, sind zwar schon das Thema vieler Publikationen, mußten aber aufgenommen werden, da ihre Arbeiten zum wesentlichen Bestandteil der «großen Aufgabe» gehören. Die Autorinnen haben sich jedoch bemüht, diese Photographen mit weniger bekannten Arbeiten vorzustellen. Daneben haben wir auch die Arbeiten einiger Photographen aufgenommen, die nur Spezialisten bekannt sind, in der Hoffnung, damit auch ihrer künstlerischen Bedeutung Rechnung zu tragen. Unser Wunsch ist es, jene Photographen ins Bewußtsein zu bringen, deren Meisterwerke bisher im Schatten der bekannteren Künstler standen, ohne damit den großen Beitrag der anerkannten Meister schmälern zu wollen.

Dieses Buch will keine anthropologischen oder ethnographischen Interpretationen liefern. Es bietet auch keine erschöpfenden Studien zu den Arbeiten der Photographen. Für die Leser, die mehr über die einzelnen Photographen erfahren wollen, haben wir eine Bibliographie beigefügt, die als Ausgangspunkt für weitere detaillierte Untersuchungen dienen soll.

Modernes Photopapier und moderne Drucktechniken können die Wärme, die zarten Töne und die feine Oberfläche der Originale nur annähernd wiedergeben. Um die Details und die Schönheit dieser Bilder optimal zu zeigen, wurden, wo es möglich war, die originalen Glasplatten- oder Filmnegative benutzt. Wo es keine Originalnegative gab, wurden Negative der alten, noch von den Photographen selbst hergestellten Originale gezogen.

Wir wollen in diesem Buch die «Schattenfänger» ehren, die ihr Leben und ihre Arbeit der Darstellung der Indianer gewidmet haben. Die größte Ehre aber gebührt den nordamerikanischen Indianern selbst. Es ist ihre Geschichte und mit diesem Buch wollen wir ihnen einen Teil davon zurückgeben. Wie die Photographen widmen auch wir diese Aufgabe den zukünftigen Generationen und den Indianern, die schließlich doch nicht untergingen.

Illustration. Originalzeichnung James E. Taylors, 1886. Der Titel lautete ‹Nach einem Indianerüberfall›. In einer zeitgenössischen Beurteilung der Arbeit Taylors heißt es: «Nie haben wir lebendigere Bilder über die Aktivitäten des edlen roten Mannes gesehen . . .»

Häuptling Joseph von den Nez Perce, um 1877. Vertrieb des Bildes durch Frank J. Haynes und Orlando Scott Goff sowie dessen Schützling, David F. Barry. Photographen wie Barry und Haynes schufen wichtige Sammlungen von Bildern der nordamerikanischen Indianer. Dabei ist nicht immer klar, ob sie damit das indianische Leben systematisch im Bild festhalten wollten oder im Lauf der Zeit einfach mehr Photographien ansammelten. Darüber hinaus ergänzten viele ihre eigenen Arbeiten durch die Bilder anderer Photographen, so daß eine eindeutige Zuordnung nicht immer möglich ist.

Navahos im Canyon de Chelley, Arizona, 1904. Bilder wie Curtis' ‹Die untergehende Rasse› (eine Gruppe von Indianern, die in den Sonnenuntergang hineinreitet) oder auch diese Ansicht des Canyons de Chelley sind zu Ikonen der Indianerphotographie geworden. Der Einfluß von Curtis' Arbeit war so groß, daß sein Name für die meisten zum Synonym für Indianerphotographie wurde. Edward S. Curtis

Erstes Kapitel

Frühe «große Aufgaben»

Neues Land. Neue Möglichkeiten. Neue Freiheit. Solche Träume waren es, die zahllose Siedler dazu brachten, über den amerikanischen Kontinent nach Westen zu ziehen, in der Hoffnung, dort ein besseres Leben zu finden. Doch diese ‹Eroberung› des amerikanischen Westens geschah auf Kosten der amerikanischen Indianer.

Die Diskussion über das Verschwinden der Indianer erreichte mit den immer rascheren Veränderungen des amerikanischen Westens und des indianischen Lebens im späten 19. Jahrhundert einen letzten Höhepunkt. Diese Veränderungen machten den Photographen der Jahrhundertwende die Dringlichkeit ihrer Aufgabe bewußt. Die Konzeption ihrer Arbeit war dabei nicht neu: sie orientierte sich an früheren künstlerischen und photographischen Aufgaben.

George Catlin

Der berühmteste dieser Maler des frühen 19. Jahrhunderts war George Catlin, der sich glücklich schätzte, «rechtzeitig geboren worden zu sein, um diese Völker noch in ihrer ursprünglichen Würde, Schönheit und Unabhängigkeit zu sehen.»[1]

Catlin wurde 1796 in Pennsylvania geboren. Seine Mutter und Großmutter waren beim Pennsylvania Massaker von 1778 kurzzeitig von Miami-Indianern im Wyoming Valley gefangengenommen worden. Dieser Vorfall war für die frühen Skizzen des jungen Catlin eine Quelle der Inspiration gewesen.[2] Ursprünglich als Rechtsanwalt tätig, gab er diese Karriere bald auf und widmete sein Leben der Kunst. In den frühen 20er Jahren hatte er sich zwar bereits einen Namen als bedeutender Maler gemacht, aber er suchte immer noch «einen Bereich oder ein Unternehmen in der Kunst, dem er seinen ganzen Enthusiasmus widmen konnte».[3] Der Besuch einer Indianerdelegation in Philadelphia lieferte ihm den Funken, den er für seine künstlerische Leidenschaft brauchte. Er erinnerte sich:

«Viele Jahre lang habe ich mich mit der edlen Rasse des roten Mannes befaßt, jenen Menschen, die heute noch über die wegelosen Wälder und unendlichen Prärien verteilt sind und beim Nahen der Zivilisation verschwinden. Ihre Rechte werden ignoriert, ihre Moral korrumpiert, ihr Land wird ihnen entrissen, ihre Gebräuche werden verändert und gehen so der Welt verloren, sie selbst werden am Ende in die Erde gesenkt, und ihre Gräber werden untergepflügt. Ich bin herbeigeeilt, sie zu retten – nicht ihr Leben oder ihre Rasse (denn sie sind dem Untergang geweiht und werden zugrunde gehen), sondern ich will ihr Aussehen und ihren Lebensform retten, deren sich die habsüchtige Welt mit ihrem Gift und ihren Geißeln der Zerstörung bemächtigt, den sie niedertrampelt und zu Tode zerdrückt; und doch erstehen sie dem Phönix gleich auf der Leinwand wieder und werden dort auch in künftigen Jahrhunderten die lebendigen Denkmäler einer edlen Rasse sein. Zu diesem Zweck plane ich, jeden Indianerstamm dieses Kontinents zu besuchen, um – wenn ich am Leben bleibe – in jedem Stamm Porträts herausragender Indianer beiderlei Geschlechts anzufertigen, Porträts, die sie in ihrer ursprünglichen Bekleidung zeigen, ergänzt durch Bilder ihrer Dörfer, ihrer häuslichen Gewohnheiten, ihrer Spiele, Legenden, religiösen Zeremonien etc. und durch Anekdoten, Traditionen und die Geschichte ihrer jeweiligen Nationen.»[4]

Für diese große Aufgabe brauchte Catlin finanzielle Unterstützung. Colonel William F. Stone, ein Verleger aus New York, finanzierte Catlins erste Reise nach Westen, die ihn 1832 auf der Jungfernfahrt des Dampfschiffes ‹Yellowstone› den Missouri hinaufführte. Ende 1836

Porträt von No Heart, Iowa, von Charles Bird King, 1837. Eines der Gemälde von indianischen Delegationen in Washington, die im Auftrag von Colonel Thomas L. McKenney angefertigt wurden. No Heart verdankte seinen Namen (Kein Herz) seinen kriegerischen Fähigkeiten und seiner Unbarmherzigkeit in der Schlacht sowie der Verachtung, mit der er sowohl das eigene Leben wie das seiner Feinde betrachtete. Schließlich entschied er sich aber doch für den Frieden und kam 1837 nach Washington, um einen Vertrag mit der US-Regierung abzuschließen.

hatte Catlin über 400 Gemälde und Tausende von Skizzen von nicht weniger als 48 Stämmen angefertigt und damit seine ‹Indianische Galerie› fast beendet. Freilich waren die Kosten nicht unerheblich.

1837 ging Catlin mit seiner ‹Galerie› auf Wanderschaft, und hoffte so, seine Verluste wieder hereinzubekommen und ein Museum für seine Arbeit gewinnen zu können. Seine erste große Ausstellung im selben Jahr in New York wurde ein Riesenerfolg, und Catlins Name wurde zum Synonym für Gemälde von Indianern. Aufgrund seiner mangelnden Geschäftstüchtigkeit waren unglücklicherweise die Kosten höher als der Erlös durch die Eintrittsgebühren.[5]

Nachdem sich die Regierung geweigert hatte, seine Sammlung zu kaufen, ging Catlin mit seiner Ausstellung 1839 nach Europa. Er hoffte, damit noch bekannter zu werden und sich einen neuen Markt zu erschließen. Mit acht Tonnen Gepäck landete er in Liverpool. Zum Gepäck gehörten über 600 Bilder, indianisches Handwerk, zwei Grizzlybären, zwei Dutzend Vorführpuppen in indianischen Kostümen und schließlich die Indianer selbst.[6] Aus dem Künstler war ein Schausteller geworden.

Auch Catlins Europatournee wurde ein Riesenerfolg und viele einflußreiche Leute unterstützten sie. Dennoch lehnte es der amerikanische Kongreß 1849 erneut ab, seine Bilder zu kaufen. Da die Kosten seiner Tourneen immer höher wurden, versuchte Catlin alles mögliche, um Geld aufzutreiben. So veröffentlichte er etwa seine Reisenotizen und ließ von seinen bekannteren Bildern Lithographien herstellen. Dennoch verschuldete er sich zunehmend. 1852 geriet seine Sammlung in Gefahr, beschlagnahmt und unter seinen europäischen Gläubigern aufgeteilt zu werden. Schließlich rettete ihn Joseph Harrison, ein reicher amerikanischer Hersteller von Dampfkesseln, der die Bilder kaufte und sie nach Philadelphia zurückverfrachten ließ.

Catlin selbst kehrte 1870 zurück in die USA. Er war über 70, besaß keinen Penny und war allein – seine Frau und sein einziger Sohn waren gestorben, seine Töchter waren bereits früher in die USA zurückgeschickt worden.[7] Aber sein Enthusiasmus für die Dokumentation der amerikanischen Indianer war ungebrochen, und so organisierte er nochmals eine Ausstellung seiner Gemälde, zu der er einen Freund, den englischen Unternehmer William Henry Blackmore, einlud. Blackmore war tief beeindruckt und überredete einen anderen Freund, Joseph Henry, den Sekretär des Smithsonian Instituts, Catlin eine Ausstellung seiner Arbeiten in dem Institut durchführen zu lassen und ihm eine Unterkunft im ‹Castle› (wie das älteste Gebäude des Instituts genannt wurde) zu besorgen.[8]

Catlin trug sich zu dieser Zeit mit einer weiteren großen Aufgabe, die er Blackmore voll Enthusiasmus vortrug. Er wollte ein zweibändiges Werk über die Indianer herausbringen. Jeder Band sollte 100 Seiten Text und fast 200 Photographien enthalten.[9] Doch diese photographische Studie sollte nie erscheinen. Im Oktober 1872 verließ Catlin, gesundheitlich bereits angeschlagen, mitsamt seinen Bildern das Smithsonian. Am 23. Dezember desselben Jahres starb er.

1879 erwarb die Regierung der Vereinigten Staaten schließlich doch noch Catlins Gemälde, nachdem Henry die Witwe Harrisons überredet hatte, sie aus dem Lager in Philadelphia zu holen und dem Smithsonian zu stiften.

Thomas L. McKenney und Charles Bird King

An einer anderen «großen Aufgabe» wurde bereits fleißig gearbeitet, als Catlin seine Reisen in den Westen begann, wobei in diesem Fall die Regierung die Finanzierung übernommen hatte. Colonel Thomas L. McKenney (1785–1859), zuständig für Indianerhandel und später Vorsitzender des Bureau of Indian Affairs, hatte die Idee gehabt, in Washington eine regierungseigene Sammlung indianischer Gebrauchsgegenstände einzurichten. Wie viele seiner Zeitgenossen glaubte McKenney, daß die eingeborenen Völker nur durch Assimilation mit der weißen Kultur gerettet werden könnten. Er hatte die Unterstützung der Regierung für sein «Archiv» gewonnen («... eine Sammlung von Gegenständen unserer Ureinwohner, zur Information aller Interessierten und der zukünftigen Generationen, wenn es die Indianer nicht mehr gibt»),[10] und er hoffte auf eine Sammlung «... aller nur möglichen Gebrauchsgegenstände der Ureinwohner, die vor der Zerstörung gerettet werden können, die dieser Rasse droht».[11]

Als im Winter 1821/22 der Maler Charles Bird King in der Hauptstadt war, kam McKenney die Idee, diese Sammlung durch Porträts der indianischen Delegierten zu ergänzen.[12] Die ersten dieser Porträts wurden im folgenden Frühjahr anläßlich einer großen Delegation von Pawnee, Oto, Omaha, Kasa und Missouri-Indianern gemacht. Die nächsten 20 Jahre lang war King damit beschäftigt, indianische Delegierte zu malen und so entstanden 143 Porträts.[13]

McKenney vergrößerte die regierungseigene Sammlung mit Porträts von King und anderen Künstlern bis 1827. Dann wurde ihm offiziell mitgeteilt, daß «fast alle Bilder gesammelt worden sind, die man haben wollte».[14] In Wirklichkeit ging es wohl eher um die Kosten. McKenney hatte bis dahin 3100 Dollar für Gemälde ausgegeben, was nur schwer als notwendige Ausgabe zu vertreten war.[15] In einem offenen Brief versuchte McKenney seine Bemühungen um die Dokumentation der Indianer zu verteidigen, aber das konnte die anti-indianischen Kongreßabgeordneten nicht überzeugen. Sie meinten, er habe Bundesmittel für «Bilder von diesen armen Teufeln»[16] verschwendet. 1830 wurde Thomas McKenney entlassen. Die meisten der Porträts von King gelangten schließlich in das Smithsonian Institut, wo sie ausgestellt wurden.

Bevor er aus seinem Amt schied, beschloß McKenney, die Gemälde in einer zwanzigbändigen Serie handkolorierter Lithographien mit sechs Porträts pro Band zu veröffentlichen. Zwar brachten ihn weder seine Entlassung noch Schwierigkeiten bei der Herstellung von diesem Plan ab, aber sein außerordentliches Engagement erschöpfte sowohl seine Energien wie seine Finanzen. Schließlich kam ihm der Richter James Hall zu Hilfe, ein reicher «Amateur», der sich im Bereich der indianischen Studien einen Namen machen wollte. Hall wurde Partner in dem Projekt. Der erste Band von McKenneys und Halls ‹History of The Indian Tribes of North America› wurde schließlich 1836 veröffentlicht. Der letzte Band erschien 1844, rund 15 Jahre nach dem Beginn des Projektes.

McKenney zog sich am Ende von der Arbeit an dem Projekt zurück. Hall beklagte, daß ihm die begrenzte Verbreitung der Gesamtausgabe nicht den Ruhm einbrachte, den er sich erhofft hatte. Aufgrund der hohen Kosten (120 Dollar) konnten sich nur reiche Gönner und große Bibliotheken das Werk leisten. Dennoch, die Porträts waren authentisch, und die Presse lobte sie als «eines der größten und prächtigsten Werke, das die Literatur und die Kunst dieses Landes je hervorgebracht hat».[17]

Seth Eastman

Die meisten Versuche, das Leben der Indianer festzuhalten, waren in mehr oder weniger starkem Maß von der Regierung abhängig, weil nur sie über die Mittel verfügte, die Künstler und Photographen zu unterstützen und ihre Arbeiten zu veröffentlichen.

Eine einzigartige Gelegenheit, die Indianer zu studieren, hatten die Soldaten, die an der amerikanischen «Frontier» ihren Dienst versahen. Leutnant Seth Eastman (1809–1875) war Absolvent von West Point und gelernter Kunstmaler. Seinen ersten größeren Einsatz hatte er 1830 in Fort Snelling, Minnesota. Schon bald nach seiner Ankunft begann er, Bilder von den örtlichen Sioux und Chippewa-Indianern anzufertigen. 1833 kehrte er als Zeichenlehrer nach West Point zurück.[18]

1841 gelang es ihm, wieder zu seinem Regiment nach Fort Snelling versetzt zu werden. Obwohl es noch nicht zu seinen offiziellen Pflichten gehörte, hatte er nun mehr Zeit, die

Indianer zu malen und so seinen Ruf zu begründen. 1846 hatte er bereits 400 Ölgemälde und Aquarelle fertiggestellt.[19]

Seine Frau, die Schriftstellerin Mary Eastman, war an der Aufzeichnung der indianischen Lebensweisen ebenso interessiert wie er. In ihrem ersten gemeinsamen Werk, ‹Dahcotah; or, Life and Legends of the Sioux Around Fort Snelling› (1849) faßte sie ihre Arbeit wie folgt zusammen.

«Es wird auch weiterhin meine Aufgabe sein, all die Gebräuche, Feste und Zeremonien der Sioux darzustellen, bevor es zu spät ist... Schnell, und ohne großen Widerstand weichen sie vor den Riesenschritten der Zivilisation zurück. Bald werden die Jagdgründe von ein paar Wilden zu dicht bevölkerten zivilisierten Siedlungen geworden sein. Wir würden diese Schicksalsbestimmung der Ureinwohner besser rechtfertigen können, wenn der Einfall der Zivilisation es auch wirklich wert wäre.»[20]

1849 begann Eastman, auch offiziell mit der Regierung zusammenzuarbeiten. In den 40er Jahren war im Kongreß die anti-indianische Haltung, die Thomas McKenneys Sammeleifer gestoppt hatte, in Zustimmung umgeschlagen. Am 4. März 1847 gab der Kongreß eine erschöpfende Untersuchung der indianischen Stämme in Auftrag, wobei dem Bureau of Indian Affairs erneut die Rolle zufiel, Informationen und Bilder über die Indianer zusammenzutragen. Der Ethnologe Henry Rowe Schoolcraft erklärte sich bereit, Informationen zu beschaffen und den Text der Untersuchung zu schreiben, und man hoffte, George Catlin für die Illustrationen zu gewinnen. Als Catlin ablehnte (er hatte, wie erwähnt, seine eigenen Pläne, und außerdem hatte es der Kongreß früher abgelehnt, seine ‹Indianische Galerie› zu kaufen) erhielt Eastman das Angebot. Eastman machte nur zu gerne aus seiner Begeisterung eine Berufung. 1850 wurde er nach Washington beordert, um mit der Arbeit zu beginnen.

In den nächsten fünf Jahren schuf Eastman rund 275 Seiten an Illustrationen für die ersten fünf Bände von Schoolcrafts ‹Indian Tribes of the United States›.[21] Da die Regierung zwar die beträchtlichen Ausgaben für die Veröffentlichung übernahm, jedoch nicht bereit war, Eastman ein angemessenes Honorar für seine Arbeit zu bezahlen, verließ er schließlich enttäuscht und mit finanziellen Problemen das Projekt. Schoolcrafts Werk wurde von weniger begabten Künstlern zu Ende geführt. Entgegen den vertraglichen Abmachungen wurden darüber hinaus unauthorisierte Kopien von Eastmans Illustrationen verwendet. Der wissenschaftliche Wert von Schoolcrafts Arbeit ist inzwischen in Frage gestellt worden, aber Eastmans Illustrationen bestechen auch heute noch durch ihr außerordentliches ethnologisches Wissen und durch ihre künstlerische Qualität.

John Mix Stanley

Die meisten Künstler, die von der Regierung eingesetzt wurden, arbeiteten – anders als beim Projekt von Schoolcraft und Eastman – im Rahmen der verschiedenen Vermessungskampagnen des amerikanischen Westens. Von besonderer Bedeutung ist dabei John Mix Stanley, der in den 40er Jahren an einer Reihe von Expeditionen mit der erklärten Absicht teilnahm, Bilder von den Indianern zu malen. 1852 überließ Stanley seine Sammlung von rund 156 Gemälden dem Smithsonian Institut als Leihgabe, die sie in der Gallery of Art neben den Indianerporträts von Charles Bird King ausstellte.

Wie Catlin hoffte auch Stanley, daß die US-Regierung seine Werke kaufen würde, aber auch in diesem Fall lehnte sie es ab. Am 24. Januar 1865 zerstörte ein Großfeuer die Gallery of Art und bis auf wenige Ausnahmen auch die Gemälde von Stanley und King. Was King betraf, gab es Kopien in Öl sowie die Lithographien von McKenney und Hall, aber Stanleys Träume, mit seinen Indianerbildern ein Vermögen zu machen, lösten sich buchstäblich in Rauch auf. Er wurde für seinen Verlust nie entschädigt.

Das Feuer markierte auch das Ende der teuren, zeitaufwendigen Versuche, das Leben der Indianer auf Leinwand zu verewigen, denn immer mehr löste die photographische Technik die Malerei ab.

WILLIAM HENRY BLACKMORE

Nach dem tragischen Feuer von 1865 erklärte Joseph Henry, der Leiter des Smithsonian, dem Vorsitzenden des Bureau of Indian Affairs, Lewis Bogy, es sei Zeit für «einen Neubeginn ... für eine weitaus authentischere und verläßlichere Sammlung von Darstellungen der wichtigen Stämme der Vereinigten Staaten. Photographische Negative können aufbewahrt werden und jeder, der es will, kann Abzüge für geringe Kosten zur Verfügung gestellt bekommen... Die Indianer sterben so schnell aus, daß nur noch wenige Jahre bleiben, in denen diese Sammlung erstellt werden kann. Der Verlust wäre unwiederbringlich und erst spürbar, wenn sie verschwunden sind.»[22]

Henrys Appell an Bogy, diese Aufgabe zu finanzieren, wurde jedoch mit der Begründung abgelehnt, daß sie unter die finanzielle Verantwortung des Smithsonian Instituts falle. Schließlich erhielt Henry wiederum von William Henry Blackmore finanzielle Unterstützung, demselben Freund, der ihn ein paar Jahre zuvor überzeugt hatte, George Catlins Bilder im Museum auszustellen.

Über Blackmore ist fast nichts bekannt. Man weiß, daß er ein reicher englischer Sammler und Spekulant war, der lebhaftes Interesse am amerikanischen Westen und an den Indianern hatte. Seiner Voraussicht und seiner finanziellen Hilfe ist es zu verdanken, daß es so viele bedeutende frühe Photographien der nordamerikanischen Indianer gibt. Er war zwar nicht der Begründer dieser photographischen Tradition, doch seine frühen dokumentarischen Projekte waren bedeutende Vorläufer der späteren, bekannteren photographischen Arbeiten.

Blackmores Vorstellungen einer photographischen Aufzeichnung entwickelten sich langsam. Im selben Jahr, in dem im Smithsonian das Feuer ausbrach, hatten die Verantwortlichen seines Museums in Salisbury in England eine Serie von 30 photographischen Porträts indianischer Delegierter in Washington veröffentlicht. Diese Porträts stammten aus dem Studio von James Earle McClees, waren im Winter 1857/58 gemacht worden und damit der erste Versuch, die nach Washington entsandten Indianerdelegationen systematisch in Photographien festzuhalten. Anscheinend hatte McClees aufgrund der Konkurrenz solcher photographischen Großunternehmer wie Jesse Whitehurst und Mathew Brady nach einer Gelegenheit gesucht, Aufmerksamkeit zu erregen und ins Geschäft zu kommen. Mit den Indianerporträts glaubte er diesen geschäftlichen Vorteil gefunden zu haben. Aber – wie viele Maler vor, und viele Photographen nach ihm – war er auch an der Dokumentation einer untergehenden Rasse interessiert, und er machte dies in seiner Werbung deutlich.

«Die Galerie zeigt Porträts von einigen der wichtigsten Häuptlinge, Krieger und Ratsmitglieder verschiedener Stämme... Manche von ihnen sind bereits tot – im Kampf gefallen. Für jeden, der unsere Geschichte studieren will, ist diese Serie von höchstem Wert und Interesse: als Mahnmal der roten Rasse, die immer schneller verschwindet, gehört sie in Bibliotheken und historische Sammlungen. Die Photographien sind im besten künstlerischen Stil ausgeführt und liefern genaue und charakteristische Porträts.»[23]

Blackmore war auf diese Negative durch seine Verbindung zu Antonio Zeno Shindler gestoßen. Shindler war ein ehemaliger Maler, der auf Photographie umgesattelt und die Leitung von McClees' Studio übernommen hatte. Die englische Veröffentlichung gibt zwar falsche Daten der Delegationsbesuche («1850–1863») und enthält keinen Hinweis auf das Studio von McClees, dennoch ist sie ein bedeutsames Ereignis: Blackmores erster Versuch, eine Serie von Indianerphotographien herauszugeben.

Neben der Finanzierung seines eigenen Museums unterstützte Blackmore auch die geologische Erkundung der Territorien (US Geological and Geographical Survey of the Territories unter Ferdinand V. Hayden) und das Smithsonian Institut. Er reiste in den USA umher, vergab Aufträge an Photographen, sammelte Aufnahmen von Indianern und ließ Shindler dann Kopien dieser wertvollen Sammlung für das Smithsonian machen. Viele dieser Bilder wurden 1867 auf der ersten Photoausstellung in der Smithsonian Gallery of Art gezeigt. 1869 veröffentlichte das Museum auch einen Katalog dazu, der unter dem Namen ‹Shindler Catalogue› bekannt wurde, wieder ein kleiner Schritt vorwärts in Blackmores Bemühungen.

Während seiner Teilnahme an der Hayden-Expedition 1868 kam Blackmore schließlich die Idee, wie er seine Vorstellungen präzisieren könne. Er erwarb mehrere Bände der ersten ethnographischen Untersuchung der Welt, die mit Photographien arbeitete – ‹The People of India› von Watson und Forbes – und gab sie an das Smithsonian weiter. Blackmore plante, ein ähnliches Werk über die amerikanischen Indianer zu publizieren und schlug Hayden unverzüglich ein entsprechendes Projekt vor. Es sollte sechs bis zehn Bände mit jeweils 50 Photographien umfassen und jeden Stamm mit sechs bis acht Bildern vorstellen.[24]

Ein solches Unternehmen war teuer und erforderte die Mitarbeit vieler Menschen. Deshalb regte Blackmore 1870 an, daß das Smithsonian die Arbeit unter seine Fittiche nehmen solle. Es hatte bereits von seinen Bemühungen profitiert und stand der Idee aufgeschlossen gegenüber. Genaue Pläne wurden jedoch nicht gemacht.

Um die Veröffentlichung in die Tat umzusetzen, mußten weitere Bilder gesammelt werden. 1872 wurde Alexander Gardner von Blackmore beauftragt, die indianischen Delegationen zu photographieren. Und wieder war es Blackmores Museum, das die Bilder veröffentlichte. Dabei wurden 19 Stämme in einer Serie von zehn Alben mit über 240 Porträts vorgestellt. Ein weiterer Schritt war getan.

Während das Smithsonian Blackmores Photographien ausstellte, blieb die Kontrolle über die Negative bei Haydens Survey. Gardners Photos von 1872 kamen zu den früheren, die für die Smithsonian-Ausstellung gemacht worden waren. Auch die auf der Expedition gemachten Negative von William Henry Jackson und anderen blieben im Besitz von Haydens Survey.

Mit dem Anwachsen der Sammlung wuchs auch die Notwendigkeit sie zu katalogisieren. 1874 stellte Jackson eine Liste der Indianerphotographien zusammen, wobei er die «Toleranz und Großzügigkeit» William Blackmores hervorhob, «der zur Förderung ethnographischer Studien kostenlos Bilder zur Verfügung gestellt hat».[25]

Obwohl Blackmores alter Traum immer noch nicht verwirklicht war, machte er weiter Pläne.[26] 1877 veröffentlichte Jackson einen zweiten, erweiterten Katalog und wieder wurde in der Einführung Blackmores Bedeutung erwähnt und auch dessen Absicht «möglichst alle Stämme des nordamerikanischen Kontinents zu erfassen».[27] Dann wurde versucht, diesen Katalog in einer noch größeren Fassung und mit Photographien herauszubringen. Aber wie schon andere herausgefunden hatten, waren die Kosten einfach zu hoch, und so wurden nur einige Musterexemplare produziert. Näher sollte Blackmore der Verwirklichung seiner geplanten Publikation nie kommen. Verglichen mit ähnlichen Projekten, die Photographen wie Mathew Brady und später Edward S. Curtis in den Bankrott trieben, schien Blackmore immerhin deren finanzielles Schicksal erspart zu bleiben. Bei anderen seiner Unternehmungen – wie etwa dem geplanten Ankauf großer Ländereien im Westen – machte er jedoch wirklich Bankrott und beging schließlich Selbstmord.

Auch wenn Blackmore sein großes Projekt einer Gesamtdarstellung nicht verwirklichen konnte, so war er doch mit einigen Unternehmungen erfolgreich. Noch wichtiger war es, daß es ihm gelang, Bilder von Indianern und ihren Lebensweisen kommenden Generationen zu erhalten. 1879 faßte der Kongreß die verschiedenen Surveys in der United States Geological

Survey zusammen. Die Negative der Indianer wurden dem neu geschaffenen Bureau of Ethnology (später Bureau of American Ethnology) anvertraut, das dem Smithsonian unterstand. Heute befinden sie sich in den ‹National Anthropological Archives› des Smithsonian.

Eagle of Delight (Adler der Freude), eine Squaw der Oto. Lithographie, die von McKenney und Hall nach einem Gemälde von Charles Bird King aus dem Jahr 1821 angefertigt wurde. Sie gehört zu den beeindruckendsten lithographischen Porträts der beiden. Eagle of Delight wurde beschrieben als «jung, groß . . . mit dem schönsten Gesicht, das wir je gesehen haben». 1821 reiste sie mit ihrem Mann nach Washington, wo sie den Präsidenten bezauberte (und nahezu alle anderen, denen sie begegnete). Kurz nachdem King sie gemalt hatte, kehrte sie nach Hause zurück und starb an Masern.

Die Träume von einer alles umfassenden Darstellung der Indianer mußten wohl an der Realität scheitern. Aber auch wenn solche Projekte unrealistisch gewesen sein mögen, es gab immer Menschen, die es trotz aller Probleme versuchten, weil sie die Notwendigkeit dafür erkannten. Mit ihren Bemühungen haben diese Maler und Photographen späteren Generationen von Forschern unersetzbares Material hinterlassen und künftigen Photographen einen Weg gewiesen.

Keokuk, auch bekannt unter dem Namen The Watchful Fox, vom Stamm der Sac und Fox, von George Catlin, 1835. Einer der frühen Versuche Catlins, «jeden Indianerstamm des Kontinents» darzustellen. Nach Catlin gab es «keinen indianischen Häuptling, der damals bekannter oder geachteter war . . . weil er so beredt für die Rechte seines Volkes eintrat». Nachdem Catlin ihn gemalt hatte, hatte Keokuk «die Eitelkeit zu erklären . . . daß er auch auf einem Pferd eine gute Figur mache und wünsche, daß ich ihn so male».

‹Indianische Art zu reisen› von Seth Eastman, 1869. Eastman benutzte eines seiner frühen (verlorengegangenen) Ölgemälde als Vorlage für dieses Bild. Seine frühen Ölbilder dienten auch als Vorlage für die von der Regierung geförderte Arbeit an Schoolcrafts ‹Indian Tribes of the United States›.

Stark retouchiertes Photo des «Castle» des Smithsonian Instituts während des Brandes am 24. Januar 1865. Das Feuer brach aus, als Arbeiter des Smithsonian ihren Ofen versehentlich an einen Kamin anschlossen, der nicht mehr in Betrieb war. Dadurch geriet das Dach in Brand und die Kunstgalerie brannte nieder: Die meisten Indianerbilder von John Mix Stanley und Charles Bird King wurden ein Raub der Flammen.
ALEXANDER GARDNER

‹Büffeljagd› von John Mix Stanley, 1845. Eines der wenigen unersetzlichen Gemälde Stanleys, das das Feuer im «Castle» des Smithsonian Instituts von 1865 unbeschadet überstanden hat.

Petalashara, auch bekannt als ‹Mann und Häuptling›, ein Pawnee. Aufgenommen 1858 in Washington DC. Das Photo ist Teil einer geschmackvollen Serie von Porträts, die zu den ersten Bemühungen um die Dokumentation der Indianer gehörte.
Studio von James Earle McClees

Zweites Kapitel

Unabhängige Meisterphotographen

Die Zeit von 1890 bis 1920 war für die nordamerikanischen Indianer eine Periode des rapiden Wandels. Die Faszination des Westens und insbesondere des Südwestens weckte bei vielen unabhängigen Photographen den Wunsch, die «untergehenden Rassen» im Bild festzuhalten. Dabei schufen sie eine Reihe bemerkenswerter Meisterwerke. Für eine genauere Untersuchung haben wir vier dieser unabhängigen Photographen ausgewählt. Jeder von ihnen hatte einen anderen Ansatz, gemeinsam aber ist ihnen, daß sie alle vier eng mit den Menschen, die sie photographierten, zusammenlebten, wobei diese Erfahrung sowohl ihr Leben wie ihre Photographien beeinflußte.

Der erste, John Alvin Anderson, machte seine Aufnahmen bei den Brule Dakota, einer Gruppe der Plains-Indianer. Er experimentierte dabei mit verschiedenen photographischen Stilmitteln. Die zweiten, Lloyd Winter und Percy Pond, die als professionelles Team arbeiteten, wurden sogar Mitglieder eines Stammes an der Nordwestküste und zeichneten die sich wandelnde Lebensweise der Indianer auf, ohne dabei die angloamerikanischen Kultureinflüsse zu verschweigen. Der dritte, George Wharton James, war eine Art Kreuzzügler, der den traditionellen Lebensstil der Indianer des Südwestens verteidigte, auch wenn er einsah, daß sich ihr Leben notgedrungen ändern müsse. Und schließlich Sumner W. Matteson Jr., der mit einem Fahrrad, einer einfachen Kodak-Kamera und seiner herzlichen Persönlichkeit den Westen bereiste und dabei meisterhafte Schnappschüsse von Indianern machte.

John Alvin Anderson

1878 wurde im Dakota Territorium das Rosebud-Reservat für die Brule Sioux eingerichtet (heute in Süddakota). 1880 wurde Fort Niobara in Nebraska errichtet, um die Siedler vor eben diesen Indianern zu schützen. So sahen die Beziehungen zwischen Weißen und Indianern aus, als der junge Anderson mit seiner Familie auftauchte und sein lebenslanges Engagement für die Photographie und die Indianer begann.

Anderson wurde am 25. März 1869 in Schweden geboren und war mit seiner Familie zunächst nach Pennsylvania ausgewandert und zog Mitte der 80er Jahre weiter nach Fort Niobara. Seine erste Kamera kaufte er sich von seinen Ersparnissen als Zimmermann.[1] 1885 wurde er zum zivilen Photographen für die US-Armee im Fort ernannt. Seit dieser Zeit zeichnete er das Leben im Rosebud-Reservat auf. Bis dahin war Photographie für Anderson eher eine Nebenbeschäftigung gewesen. In den 80er Jahren jedoch wurde er Lehrling des bedeutenden «Frontier»-Photographen William R. Cross, der ein Studio im Fort Niobara hatte.[2]

Anderson arbeitete mehrere Jahre lang mit Cross zusammen. 1889, als er offizieller Photograph der Crook Treaty Commission im Rosebud-Reservat wurde, stand er erstmals auf eigenen Füßen. Dies nutzend begann er, das alltägliche Leben der Indianer wie etwa die staatliche Fleischzuteilung der Regierung zu photographieren. Seine Bilder aus dieser Zeit sind in ihrem Stil dokumentarisch, schmucklos und präzise. Damit dienten sie ihrem Zweck und waren den Arbeiten anderer Photographen zu ähnlichen Themen durchaus ebenbürtig, aber es fehlte ihnen doch weitgehend jede künstlerische Sichtweise. Allerdings sollte man angesichts der vielen Risiken, denen die «Frontier»-Photographen bei ihrer Arbeit ausgesetzt waren, auch nicht zu strenge Maßstäbe anlegen. Donald Hogg, ein Großneffe von John Anderson, hat berichtet, wie dieser seine erste Kamera verlor:

He Dog (1836–1927), ein Brule Dakota des Rosebud-Reservats. Das Photo wurde zwischen 1895 und 1915 aufgenommen. Mit diesem majestätischen Porträt steht Anderson am Höhepunkt seiner Laufbahn als Photograph. John Alvin Anderson

Lebensmittelausgabe im Rosebud-Reservat im Dakota Territory, um 1893.
JOHN ALVIN ANDERSON

«Er war dabei, eine Aufnahme der Fleischzuteilung vorzubereiten. Das Fleisch war allerdings noch ‹auf Hufen›. Er hatte gerade die Schärfe seiner Kamera eingestellt und seinen Kopf noch unter dem schwarzen Tuch, als er auf der Glasplatte einen Langhornstier sah, der direkt auf ihn zulief. Die Kamera wurde völlig zerstört. Onkel John konnten wir glücklicherweise retten.»[3]

Anderson kehrte erstmals 1890 nach Pennsylvania zurück. Auf einer späteren Reise heiratete er Myrtle Miller. Doch obwohl er in Pennsylvania Familie und Freunde hatte, ließen ihn die Verlockungen des Westens und die Indianer nicht los. 1891 kehrte er nach Nebraska zurück, um Shaw's Art Gallery, ein Photostudio in der Stadt Valentine, zu betreiben und im Rosebud-Reservat zu leben. Nebenbei arbeitete Anderson noch als Angestellter der nahegelegenen Handelsniederlassung Jordan's.[4]

Sein ganzes Berufsleben über experimentierte Anderson mit wechselnden Stilrichtungen für wechselnde Arten der Photographie, die von streng dokumentarischen Auftragsbildern für kommerzielle Zwecke bis zu ganz und gar romantischem, ‹nostalgischem› Wiederauferstehenlassen des indianischen Lebens reichten. Diese Fähigkeit zu verschiedenen Stilen unterscheidet ihn von anderen Photographen. Anderson entwickelte enge und persönliche Beziehungen zu den Indianern und wurde so zu einem der meisterhaftesten Porträtphotographen der Indianer.

Durch das Leben im Reservat lernte Anderson die Indianer auch in ihrem Alltag kennen, und viele, die er photographierte, wurden seine Freunde.

Alma Carlson Roosa, die Nichte Andersons, erinnert sich: «Zunächst verabscheuten sie (die Indianer) es, wenn er Bilder von ihnen machte, aber später, als sie merkten, daß er sie nicht betrog, räumten sie ihm dieses Recht ein.» Und sie fügte hinzu: «Wir hatten nie Angst vor den Sioux, vielleicht, weil Onkel John auf so gutem Fuß mit ihnen stand.»[5]

John Andersons Mitgefühl mit den Indianern wird auch von Charley Eads, einem seiner Angestellten, bestätigt: «Ich habe gesehen, wie hungrige alte Indianer, die kein Geld hatten, kamen und mit John sprachen, und er ihnen dann etwas Essen für zu Hause mitgab und es aus seiner Tasche bezahlte.»[6]

Die ganze Familie Anderson engagierte sich für die Indianer. Myrtle unterstützte die indianischen Frauen, wo sie konnte («die Frauen liebten sie, und sie liebte sie auch», sagte Alma Roosa)[7], und Johns Bruder Charles half beim Bau von Häusern für die Indianer des Reservats.[8]

Zum größten Teil drückte Anderson seine Gefühle mit der Kamera und nicht mit der Feder aus, aber 1896 veröffentlichte er eine kleine Photobroschüre mit dem Titel: ‹Among the Sioux›. Zu dieser Zeit hatte er bereits viele Veränderungen im Leben der Indianer beobachtet, die er anfangs für einen Fortschritt gehalten hatte. In seiner Einführung schrieb er: «Wenn ich diese Broschüre der Öffentlichkeit übergebe, so bitte ich um freundliche Aufnahme, weil die Sitten und Gebräuche, das häusliche Leben, der Fortschritt und die Entwicklung genau und verläßlich dargestellt sind und damit eine Lebensweise präsentiert wird, von der die breite Öffentlichkeit wenig weiß ...»[9]

1900 hatte Andersons Photographie einen künstlerischen Höhepunkt erreicht: es entstanden die Porträts von He Dog, Turning Bear, Fool Bull, Good Voice und One Star, in denen er die Würde dieser Menschen, die auch seine Freunde waren, einfing.

Um 1911 hatte Andersons Arbeit eine neue Dimension angenommen. Vielleicht war es der sich laufend beschleunigende kulturelle Wandel um ihn herum, der ihn dazu brachte, in seinen Arbeiten nun die Betonung auf die alten und traditionellen indianischen Lebensweisen zu legen und nicht auf die sogenannten fortschrittlichen Elemente. Mit Hilfe der Indianer selbst stellte er Szenen ihres alltäglichen Lebens so genau wie möglich nach – etwa ihre traditionelle Bekleidung oder ihre Kochgewohnheiten – wobei er auf didaktische oder romantisierende Untertöne verzichtete.

Im Februar 1922 zogen die Andersons aus gesundheitlichen Gründen nach Kalifornien. Die Brule bereiteten ihnen ein großes Abschiedsfest. Aber wiederum war die Verlockung, zu den Indianern zurückzukehren, zu stark und schon im Oktober waren sie wieder in Rosebud.

Mit dem Tod ihres einzigen Sohnes Roscoe im Jahr 1925 mußten die Andersons einen tragischen Verlust hinnehmen. Im selben Jahr fingen sie an, sich um einen Brule-Jungen namens Ben Reifel zu kümmern und ihn auch finanziell zu unterstützen. Mit dieser Unterstützung schloß er innerhalb von drei Jahren die Highschool ab, erwarb einen Master- und einen Doktortitel in Harvard und wurde schließlich ins Repräsentantenhaus gewählt.[10] Persönliches Engagement solchen Ausmaßes ist nicht nur für Andersons Leben kennzeichnend, sondern hat auch fast 50 Jahre lang seine Photographie beeinflußt.

Eine weitere Katastrophe ereilte die Andersons, als 1928 ihr Haus abbrannte und dabei die meisten von Johns Negativen zerstört wurden. Glücklicherweise blieben seine größten Meisterwerke erhalten.[11]

1929 veröffentlichte Anderson ‹Sioux Memory Gems›. Das Buch enthielt eine Sammlung von Gedichten seiner Frau und Photographien von ihm. Die Bilder waren deutlich erkennbar inszeniert und sind nach heutigem Geschmack übertrieben romantisch. Der Stil ist jedoch auf den Zweck des Buches abgestimmt, und man kann die Nostalgie vielleicht verstehen, wenn man sich die Veränderungen im Leben der Andersons selbst wie in dem der Indianer vor Augen hält.

In den 30er Jahren zogen die Andersons zunächst nach Rapid City in Süddakota, um das Sioux-Museum aufzubauen (das ihre eigene ethnographische Sammlung beherbergte) und dann wieder zurück nach Kalifornien. Die Glasmalereien in der Trinity Episcopal Church im Rosebud-Reservat ehren nicht nur das Andenken John Andersons, der 1948 starb, sondern auch das seiner Frau und seines Sohnes.[12]

Es gibt zahlreiche andere Photographen, die mit indianischen Stämmen gelebt und die sich wie Anderson aufgrund dieses Kontaktes verändert haben. Es verlangt einen Meister, um solche

Gelegenheiten umzusetzen, aber nur ein Humanist, der vom Leben um sich herum besonders berührt wird, kann ein Meister von der Sensibilität eines Anderson werden. Anderson nutzte seine weitgefächerten Möglichkeiten und seine künstlerischen Fähigkeiten bis zum Äußersten, und erst das führte dazu, daß sich seine Photographie vom Dokumentarischen zum eigenständigen Kunstwerk entfaltete.

Ben Reifel, um 1925. Reifel war der junge Brule, den die Andersons unterstützten, nachdem ihr eigener Sohn 1925 gestorben war. Reifel wurde später ins Repräsentantenhaus gewählt.
John Alvin Anderson

Lloyd Winter und Percy Pond

Während John Anderson die Brule photographierte, beobachteten Lloyd Winter und Percy Pond im fernen Nordwesten Alaskas durch Zufall einen Tanz, der ihrer beider Leben und Karriere als Photographen verändern sollte.

«Eines Abends saßen sie auf einem Hügel, als eine Gruppe hell gekleideter Indianer auf einer grasbewachsenen Kuppe unter ihnen auftauchte. Sie bildeten erst eine Reihe, dann einen Kreis und sangen dabei ein Lied. Dabei trat immer einer von ihnen in den Kreis und führte dort einen Tanz auf. Mitten im fröhlichsten Tanz entdeckten die Indianer Lloyd und Percy, und sie begannen, aufgeregt miteinander zu sprechen. Schließlich erklomm einer von ihnen den Hügel bis zu der Stelle, wo Lloyd und Percy saßen. Glücklicherweise verstand Lloyd seine Sprache, es war Chilkat. Der Mann sagte, daß ihre Tänze ein Geheimnis der Chilkat seien, und daß kein Fremder sie je sehen dürfe. Sie hätten aber einen Weg gefunden, die Katastrophe, daß zwei Weiße ihren Tanz beobachtet hätten, zu umgehen, indem sie ihnen die Mitgliedschaft im Stamm der Chilkat anböten. So wurden die beiden noch an diesem Tag Chilkat-Häuptlinge – mit eigenen Namen. Percy wurde Kitch-ka (Krähenmann) genannt und Lloyd Kinda hieß (Winter).»[13]

Dieser Vorfall ereignete sich 1894 und trug wesentlich zu dem Erfolg bei, den Winter und Pond bei der photographischen Aufzeichnung der Tlingit- und Haida-Indianer Alaskas hatten.

Ein Jahr vorher war der 27jährige Lloyd Winter von Kalifornien nach Juneau in Alaska gekommen, um Gold zu schürfen. In Juneau traf er George M. Landerking, einen ortsansässigen Photographen, der ihn einlud, in seinem Geschäft mitzuarbeiten. Ein paar Monate später stieß Percy Pond, ein Freund Winters aus Kalifornien, dazu, und im Juli kauften die beiden das Studio und eröffneten es unter ihrem eigenen Namen. Bis zu Ponds Tod 1943 betrieben sie das Studio gemeinsam.[14]

Lloyd Winter hatte an der California Design School studiert und war Porträtzeichner. Aber um gute Bilder von den Indianern machen zu können, brauchte er mehr als diese künstlerische Ausbildung. Wie bei Anderson waren dazu lange und freundschaftliche Beziehungen zu den Indianern nötig.

Viele professionelle Photographen und Amateure reisten nach Alaska, besonders nach der Erfindung der Kodak-Kamera und dem Ausbruch des Goldrauschs von Klondike 1898. Die meisten Touristen besuchten das Gebiet im Sommer, wenn die Indianer ihre Winterdörfer verlassen hatten und Sommerbeschäftigungen nachgingen. Aus diesem Grund oder, weil sie keine Erlaubnis erhielten, einzelne Menschen zu photographieren, nahmen diese Photographen leere Dörfer, Totempfähle und ähnliches auf. Die Arbeiten von Winter und Pond unterscheiden sich erheblich von diesen Photos. Als Photographen vor Ort entwickelten sie dauerhafte Freundschaften, die ihnen den Zugang zu Situationen eröffneten, die den flüchtigen Sommerphotographen verschlossen waren.[15]

Obwohl Winter und Pond Chilkat sprachen, war es manchmal doch mühsam, die Indianer dazu zu bewegen, sich photographieren zu lassen. William Jorgenson, ein Freund der beiden, berichtet über dieses Widerstreben:

«Ich weiß, daß viele der Aufnahmen, die Winter machte, einzig und allein seinen persönlichen Beziehungen zu diesen Menschen zu verdanken sind – der Tatsache, daß er von ihnen adoptiert worden war. Ich erinnere mich sehr gut, daß er mir sagte, er müsse immer noch äußerst vorsichtig sein. Seine Methode bestand darin, ihnen zu sagen, daß er gerne ein Photo von ihnen machen würde, und dann konnte es manchmal eine Woche, manchmal auch ein Jahr dauern, bis sie in seinen Laden kamen und ihm sagten, daß sie zu einer Aufnahme bereit seien.»[16]

Das Tlingit-Dorf Klukwan am Chilkat River, Alaska, vermutlich im Frühling 1895.
Winter und Pond

Das Vertrauen der Indianer in Winter und Pond wird durch die Tatsache bestätigt, daß die Photographen eingeladen wurden, an zeremoniellen Ereignissen teilzunehmen und dabei auch photographieren durften. So etwa bei den Potlatches, mit denen die Indianer wichtige Ereignisse wie Hochzeiten, Hauseinweihungen oder die Übernahme von Führungsämtern feiern. Diese Potlatches waren nicht nur ‹geschlossene› Veranstaltungen, die in entlegenen Gegenden stattfanden, sie wurden auch von den Behörden der Weißen unterdrückt und dokumentarische Belege darüber, daß sie fortgeführt wurden, hätten die Indianer in große Schwierigkeiten bringen können. Ohne das Wissen, die Zustimmung und das Vertrauen der Indianer hätte kein Photograph Bilder dieser Zeremonien machen können.

Einige ihrer eindrucksvollsten Bilder machten Winter und Pond im Winter 1894/95. Dazu gehören Aufnahmen vom Whale House in Klukwan, das damals der Clan-Führer George Shotridge leitete. Sie dokumentierten die herrliche Innenansicht des Hauses und machten gleichzeitig Aufnahmen von Tänzern, die in zeremonieller Aufmachung im Freien posierten.

Es ist offenkundig, daß Winter und Pond nicht versuchten, eine von der europäischen Kultur unberührte indianische Vergangenheit darzustellen. Sie dokumentierten die Indianer ihrer Umgebung so wie sie erschienen, reich oder arm, und in einer Kleidung, die die Einflüsse mehrerer Kulturen aufwies. Es wäre ihnen ein leichtes gewesen, Kostüme aus dem Fundus ihres Studios zu beschaffen, doch wenn man die Kleidung der Dargestellten betrachtet, erkennt man sofort, daß sie dies nicht taten.

Aus verschiedenen Gründen weisen einige der Porträts dennoch ethnographische Widersprüchlichkeiten auf, die vermuten lassen, daß manchmal doch inszeniert wurde.[17] Wie sich bei dem unbeabsichtigten Miterleben der Zeremonie am Hügel gezeigt hatte, war es Nicht-Initiierten verboten, gewisse Aktivitäten zu sehen und Photographieren wäre gewiß die schlimmste Verletzung dieses Gesetzes gewesen. Darum kann wohl angenommen werden, daß die Indianer nicht bereit waren, sich in der ‹korrekten› Aufmachung für bestimmte Zeremonien

photographieren zu lassen, um den Nicht-Initiierten keine Geheimnisse preiszugeben. Initiierte würden die Unterschiede bemerken, während Nicht-Initiierte trotzdem exotische Bilder kaufen konnten, ohne dabei Informationen zu bekommen, die nicht für sie bestimmt waren. Dennoch enthalten die auffallend schönen Photographien von Winter und Pond eine Fülle von Informationen über die sich wandelnden Kulturen Alaskas um die Jahrhundertwende.

Ihr ganzes Leben lang behielten Winter und Pond das persönliche Interesse an den Indianern. 1928 bewarb sich Winter um die Mitgliedschaft in der Alaska Native Brotherhood, einer rein indianischen Organisation. Aufgrund der Referenzen von sechs Chilkats, die ihn 34 Jahre zuvor adoptiert hatten, wurde er zugelassen.[18]

Die Bruderschaft war unter der Schirmherrschaft der presbyterianischen Kirche gegründet worden. Zu der Zeit, als sich Winter um die Mitgliedschaft bewarb, bestanden ihre erklärten Ziele darin, «die Ureinwohner bei ihrem Weg vom Status der Eingeborenen zu einem Platz unter den zivilisierten Völkern der Welt zu ermutigen und zu unterstützen, gegen die schreiende Ungerechtigkeit rassischer Vorurteile zu protestieren, sie zu bekämpfen und zu überwinden, und bei der Entwicklung des ‹Territory of Alaska› zu helfen.»[19] Die Organisation setzte sich für die Bürgerrechte und die Gleichheit der Ureinwohner ein, sowie dafür, daß ihr Leben von ihnen selbst und nicht von der Regierung bestimmt werden solle.[20]

Percy Pond starb am 1. Juni 1943 im Alter von 71 Jahren; Lloyd Winter am 18. November 1945. Sechs Indianer trugen seinen Sarg.[21] Das Studio wurde von einem früheren Assistenten bis 1956 weitergeführt. Das Ereignis stand auf der Titelseite des ‹Juneau Independent›.[22]

Es wäre falsch, anzunehmen, daß Winter und Pond nur die Indianer Alaskas photographierten, oder daß sie einen systematischen Plan der Dokumentation indianischer Kultur gehabt hätten. Nur etwa 400 ihrer insgesamt 4700 Negative zeigen indianische Motive.[23] Dennoch haben sie ein einmaliges Zeugnis der Indianer der Nordwestküste geschaffen, das auf ihren engen Beziehungen und ihrer Kenntnis der Menschen, die sie photographierten, beruhte.

George Wharton James

Zugang zu den Zeremonien der Indianer der Nordwestküste zu bekommen, wie Winter und Pond, war für Photographen extrem schwierig. Ganz anders war es beim Schlangentanz der Hopi (einem dramatisierten Gebet um Regen, das 16 Tage lang dauerte und ganze Touristenhorden anzog). Wie George Wharton James feststellen mußte, wetteiferten dabei derart viele Photographen um gute Bilder, das sie «das Stativ eines Kollegen umstießen und den Ellbogen in die Linse eines anderen rammten».[24] Man benötigte mehr als ein halbes Dutzend indianische Polizisten, um sie zurückzuhalten. Schließlich verboten die Hopi das Photographieren bei ihren Tänzen.

Winter und Pond hatten sich den Indianern in freundschaftlichem Geist genähert. James dagegen photographierte die Indianer des Südwestens mit dem rücksichtslosen Eifer eines Kreuzzüglers und schreckte vor nichts zurück, um die Bilder zu bekommen, die er haben wollte.

James wurde am 27. September 1858 in Gainsborough bei Lincoln in England geboren, im selben Jahr, in dem James E. McClees seine frühen Photographien der nach Washington DC delegierten Indianer machte. Als Jugendlicher litt er unter Asthma, was ihn in seiner Bewegungsfreiheit einschränkte und ihn in seinem Fleiß bestärkte. Mit 16 begann er mit dem Schreiben und betätigte sich in der örtlichen Methodistenkirche als Prediger und Lehrer in der Sonntagsschule.[25] 1880 heiratete er. 1881 wanderte er in der Hoffnung, seine gesundheitlichen Schwierigkeiten zu überwinden, nach den Vereinigten Staaten aus, wo er sich in Nevada ansiedelte. Nach seiner Ordination kam er als junger Wanderprediger in Nevada und Kalifornien zum ersten Mal mit amerikanischen Indianern, Paiute und Washo, in Berührung.

1887 zog James mit seiner Familie nach Kalifornien, wo er die Indianer in den Missionsstationen der Franziskaner kennenlernte. Durch diese frühen Begegnungen wurde er unmittelbarer Zeuge der dramatischen Veränderungen im Leben der Indianer durch den Einbruch der ‹Zivilisation›. 1889 änderte sich auch sein eigenes Leben dramatisch. Seine Frau beschuldigte ihn «bemerkenswerter Heldentaten im Ehebruch» und einer Reihe anderer Vergehen.[26] Er wurde seines geistlichen Amtes enthoben und trotz eines späteren Freispruchs war seine Karriere ruiniert.

Um sich von diesem Schlag zu erholen, floh James in die Wüste.

«Hierher bin ich gekommen ... als geistig und körperlich Gebrochener. Und hier habe ich wieder neue Kraft und neuen Mut geschöpft, so daß ich am Ende mehr Freude am Leben gewann, als ich je zuvor verspürt habe... Dort sah ich oft wochenlang nur Indianer... Dort gewann ich mein Gleichgewicht zurück und jene Lebensperspektive, die mir schließlich Frieden, Gelassenheit und Freude gebracht hat ... hier fand meine wirkliche spirituelle Geburt statt.»[27]

In der Wüste traf James William Wallace Bass, der ein Camp im Grand Canyon besaß und betrieb. Bass überredete James, mit ihm in eine fast unzugängliche Region zu reisen, wo die Havasupai-Indianer lebten. Diese Erfahrung hinterließ einen tiefen Eindruck bei James. Die Havasupai schienen ein vollkommenes Leben zu führen, in Harmonie mit der Natur und unberührt von der Zivilisation.

Obwohl die Wüste heilsam für ihn gewesen war, fuhr James auch nach Chicago, um etwas gegen seine Depressionen zu tun. Doch die überfüllte Stadt mit ihren Lastern und Krankheiten überzeugte ihn, daß die Erniedrigung des Menschen etwas mit der Industrialisierung zu tun habe. James wurde zum Anhänger des Sozialdarwinismus, was seinen Glauben verstärkte, daß die soziale Rettung im Südwesten bei den Indianern lag.[28] War er früher ein Prediger gewesen, so wurde er nun zum Kreuzzügler. Bis zu seinem Tod unterstützte er Bewegungen, die von vegetarischer Lebensweise und der Freikörperkultur über den Kampf für die Rechte der Indianer und das Frauenwahlrecht bis zur Prohibition und dem Pazifismus reichten. Daneben kämpfte er auch noch gegen Vivisektion und für die Abschaffung der Todesstrafe.

1892 zog James nach Pasadena. Nun hatte er viele Gelegenheiten die Wunder des Grand Canyon und der Indianer dieser Region zu erforschen, zu beschreiben und zu photographieren. Er kam auch in Kontakt mit den Missionsindianern, die ihr Land und ihr Auskommen verloren hatten, als die Missionen säkularisiert wurden. Diese Indianer zu verteidigen und ihnen bei ihren Problemen zu helfen, wurde eine seiner Hauptbeschäftigungen.[29]

Pasadena war auch ein Mekka für Photographen. Es zog so bemerkenswerte Künstler an wie Adam Clark Vroman, Charles Fletcher Lummis, Frederick Monsen, Frederick Hamer Maude und Karl Moon. Wahrscheinlich lernte James in dieser Zeit zumindest die Grundbegriffe der Photographie.

Die Photographen von Pasadena – größtenteils Mitglieder des örtlichen Photoclubs – gingen gemeinsam auf Photoexkursionen, wobei sie «photogene Attraktionen» wie die Schlangentänze der Hopi gerne nutzten. Dabei entstanden Meisterwerke der amerikanischen Indianerphotographie. Ganz sicher kannte James Lummis, einen anderen photographierenden Kreuzzügler, der James nicht ohne Grund in einem Artikel des Plagiats beschuldigte. Und er traf Vroman, der ihn tadelte, weil er ohne Ankündigung und ohne eingeladen worden zu sein in eine heilige Hopi Kiva (einen unterirdischen Raum, der für Zeremonien und Beratungen benutzt wird) eingedrungen war.[30]

James sah es als seine Mission an, das Leben der Indianer des Südwestens aufzuzeichnen, koste es was es wolle. Mit Notizbuch und Kamera machte er regelmäßig Besuche bei den Hopi, Navaho, Walapai und Zuni und er lebte sogar bei ihnen, um mehr über sie zu erfahren. Wie vielen anderen Photographen dieser Zeit ging es auch ihm darum, mit der Hilfe solcher Erfahrungen «alles zu sammeln und aufzuzeichnen, was wir über sie erfahren können – über ihre Lebens- und Denkweisen, ihr Sozialverhalten, ihre Stammesbräuche, ihre Religion, ihre Zeremonien, Tänze und Legenden – bevor es zu spät ist».[31]

Hopi-Schlangentänzer ziehen am Eingang zu einer Kiva vorbei. James war dafür getadelt worden, daß er unerlaubt in einen solchen heiligen Ort eingedrungen war. Oraibi pueblo, Arizona, 1898.
George Wharton James

Man weiß, daß James manchmal Berufsphotographen wie C. C. Pierce und Frederick H. Maude mit auf seine Reisen nahm, und daß es sich bei den Illustrationen in seinen Veröffentlichungen nicht immer um seine eigenen Photographien handelte. Doch schon ein kurzer Blick auf die Bilder, die James selbst gemacht hat, zeigt, daß hier ein Meisterphotograph am Werk war.

Den Schlangentanz der Hopi photographierte James (der wegen seines Vollbarts bei ihnen als ‹Schwarzer Bär› bekannt war)[32] das erste Mal 1896. Die Zeremonie hatte sein Interesse als Amateur-Ethnologe geweckt. Nachdem ihn Berichte, die diese Zeremonie als einen «wilden, chaotischen, heidnischen Brüll- und Schreitanz» beschrieben, geärgert hatten, veröffentlichte er 1898 eine Broschüre mit dem Titel ‹The Mokis and Their Snake Dance›. Die künstlerische Qualität seiner Aufnahmen belegt, daß er in diesem Jahr auf einem Höhepunkt seiner Karriere als Photograph angelangt war.

James schrieb eine Reihe von Büchern, in denen er die Schönheit des Südwestens rühmte. Er war fest davon überzeugt, daß den Übeln des Industriezeitalters begegnet werden könne, wenn die indianischen Tugenden vom weißen Mann übernommen werden würden. Obwohl er die Indianer nicht als kulturell gleichwertig ansah, war James doch von nahezu allen Bereichen des Lebens der Hopi tief beeindruckt. Ihre Fähigkeit, in dieser unwirtlichen Umwelt zu überleben, machte sie stark und lehrte sie, ein einfaches, natürliches und deshalb gesundes Leben zu führen.[33] Wie bei seinen anderen Aktivitäten führte James auch diesen Kreuzzug öffentlich, indem er seine Ansichten in einem seiner berühmtesten Vorträge zusammenfaßte, der später auch als Buch veröffentlicht wurde: ‹What the White Man May Learn from the Indian›.

«Natürlich stimmt es nicht, daß alle Indianer gute Indianer sind, aber es ist teuflisch zu glauben, daß nur tote Indianer gute Indianer sind. Diese Ansicht der Weißen hat unermeßlichen Schaden angerichtet. Es gibt die edlen Indianer, wie sie Fenimore Cooper beschrieben hat. Seine Darstellungen werden der Seele der meisten Indianer gerecht. Der Indianer braucht das Gute unserer Kultur, und wir sollten nicht vergessen, daß es viele Dinge gibt, die er uns beibringen kann ... Dieser wunderbare, edle, ursprüngliche Amerikaner mit seinem offenen Herzen für die Wahrheit des Christentums verdient nicht nur die Bürgerrechte, er ist ein Bestandteil und Mündel der Nation, das geschützt und nicht mißbraucht werden sollte.»[34]

Aber auch wenn James der Ansicht war, daß die Indianer der industrialisierten Welt viel zu vermitteln hatten, so sah er doch voraus, daß ihr Leben sich am Ende ändern müsse.

«In seiner einfachen Klugheit mag uns ... der Indianer überlegen sein, doch ... seinem Bogen und seinem Pfeil mit der Obsidianspitze stehen unsere Gatlinggewehre gegenüber, seinen Mulis und Eseln unsere Stahlrösser ... das alles zeigt, daß er sich ... intellektuell im Nachteil befindet. In unseren romantischen Vorstellungen ist er eine schöne Gestalt, aber ich fürchte voller Trauer, seine Totenglocke hat bereits geläutet, und in ein paar Generationen wird es ihn nicht mehr geben.»[35]

James' Popularität wuchs in dem Maße, in dem seine Persönlichkeit Leser wie Zuhörer in ihren Bann schlug. Seine Zwecke heiligten dabei immer die Mittel, und wenn er etwas wollte, dann beharrte er darauf (deshalb dachte er sich auch nichts dabei, in heilige Hopi-Kivas einzudringen). Um die Gefühle der Menschen, die er photographierte, kümmerte er sich wenig. Und doch gab es Momente, wo selbst seine Beharrlichkeit nichts bewegte. Als er einmal ein Mädchen der «Yuma-Apachen» photographieren wollte, stieß er auf Widerstand. Das Mädchen hatte zwar die Schule besucht und sprach Englisch, war jedoch dem traditionelleren Lebensstil mehr zugetan.

«Es war unmöglich, sie zu photographieren. Sie war entschlossen, niemandem zu erlauben, eine Aufnahme von ihr zu machen ... und sich ein Bild zu erschleichen, war genauso unmöglich. Sie kannte jeden Kniff der Photographen und verhinderte auch jede Möglichkeit, einen Schnappschuß von ihr zu machen.» Aber er fährt fort: «Die Apachen (westliche Yavapai) verabscheuen es, photographiert zu werden, und alle, die sie kannten, sagten mir voraus, daß mein Besuch photographisch keine Ergebnisse bringen würde. Die beiliegenden Gravuren sind nur ein kleiner Teil der Bilder, die ich schließlich ergattern konnte.»[36]

James ließ sich offensichtlich durch nichts abhalten, vielleicht, weil ihn seine Ziele manchmal blind machten. Auch wenn man ihm seine Radikalität vorwerfen kann, so sollte man nicht vergessen, daß er von tiefen inneren Überzeugungen getrieben wurde, die ihn auch veranlaßten, viele Anliegen der Indianer erfolgreich zu vertreten. Seine photographischen Meisterwerke waren für ihn weder rein kommerzielle Unternehmungen noch die bloße Dokumentation einer sich verändernden Kultur. James benutzte seine Photographien, um die Tugenden des traditionellen indianischen Lebens zu rühmen und – noch wichtiger – um für die Rechte der Indianer zu kämpfen. Theodore Roosevelt sagte über ihn: «Niemand hat mehr dafür getan als er, daß die Wunder des Südwestens der Welt offenbart wurden.»[37]

Als James 1923 starb, hatte er über 40 Bücher geschrieben, dazu eine Unmenge von Broschüren und Hunderte von Zeitungs- und Zeitschriftenartikeln. Als Forscher, Amateur-Ethnologe und als Meisterphotograph hatte sich James dem Leben wie der Photographie immer mit «leidenschaftlichem Eifer und unermüdlicher Ausdauer»[38] genähert. Seine Aufnahmen sind heute wichtige Dokumente des Lebens der amerikanischen Indianer.

Sumner W. Matteson Jr.

Was für George Wharton James ‹Kreuzzüge› waren, war für Sumner W. Matteson Jr. Abenteuer. Wie James machte er sich als Photograph durch seine Arbeit bei den Indianern des Südwestens, insbesondere bei den Hopi, einen Namen. Aber während sich James auf diese Region beschränkte, weitete Matteson sein Arbeitsgebiet aus und bereiste mit seinem Fahrrad nahezu alle westlichen Staaten der USA. Von 1898 bis 1908 legte er dabei mehr als 25000 Meilen zurück und machte mehr als 12000 Aufnahmen.[39] Seine Themen umfaßten die verschiedensten Aspekte des Lebens im Wilden Westen und reichten von den Indianern über das Einfangen wilder Pferde bis zur Lachsfischerei und dem Erdbeben von San Francisco. Und gelegentlich schoß er auf dem Weg auch einmal ein fröhliches Selbstporträt.

Wie Tausende von anderen war Matteson von der Begeisterungswelle für die Photographie mitgerissen worden, die Amerika in den 90er Jahren erfaßt hatte. Bis dahin war die Photographie aufgrund ihrer Kompliziertheit und der schweren Ausrüstung weitgehend eine Domäne der Berufsphotographen gewesen. Aber die neue, einfach zu benutzende Kodak-Kamera, der Rollfilm sowie der Slogan der Firma – «Sie drücken auf den Knopf, wir machen den Rest!» – brachte Menschen jeden Alters dazu, dieses Handwerk zu erlernen. Daß Matteson zur Photographie kam, war vermutlich eher ein Zufall als eine bewußte Karriereentscheidung – eine derart interessante Beschäftigung kam seiner Abenteuerlust entgegen.

1888 erwarb Matteson seinen Bachelor of Science an der Universität von Minnesota in Minneapolis,[40] wo er Mitglied der Chi Psi Bruderschaft war. Die Adresse dieser Organisation sollte er später als Zentrale für einige seiner photographischen Aktivitäten nutzen. 1895 begann er damit, für die Overman Wheel Company in St. Paul, Minnesota, Fahrräder der Marke Victor zu verkaufen. Ein Jahr später wurde er der Geschäftsführer dieser Firma in Denver, Colorado. Overman verkaufte auch Kodak-Kameras, die in einem tragbaren Kasten an ein Fahrrad geklemmt werden konnten. Diese Kombination war so perfekt, daß sie Matteson in kürzester Zeit begeistert übernahm.

In seinen ersten photographischen Beutezügen machte Matteson Aufnahmen von Fahrradexkursionen und von Jagdausflügen in Colorado. Sie erschienen in einer Anzeigenkampagne, die sich «Schnappschüsse aus Colorado» nannte, und für die «stets neue Photos gebraucht wurden».[41] Mattesons freier Geist gewann bald die Oberhand, und so zog er los, um das Abenteuer zu suchen. So entstand fast nebenbei seine einzigartige photographische Dokumentation der amerikanischen Indianer.

1900 war Matteson im Adreßbuch von Denver als Reisekorrespondent eingetragen. Eine bessere Bezeichnung wäre vielleicht «Photojournalist» oder «Essayist» gewesen, da er sowohl das Tagesgeschehen dokumentierte als auch Ereignisse am Rand. Schon nach einem Jahr verkaufte er seine Bilder an Zeitschriften und andere Publikationen.

Obwohl Matteson den Canyon de Chelly und den Chaco Canyon in Arizona und New Mexico bereits vorher photographiert hatte, begann seine ernsthafte Indianerphotographie 1900, als er erneut in den Südwesten reiste. Gemeinsam mit Hunderten von Touristen und Photographen machte er Aufnahmen von den Schlangen- und Flötentänzen der Hopi. Wie James mußte auch er feststellen, daß er bei diesen Aufnahmen keineswegs allein war. Bei der Masse an Photographen, die den Tanz photographierten, ist es kein Wunder, daß er mit seiner kleinen Kodak einen anderen Meisterphotographen bei der Arbeit einfing: Adam Clark Vroman.

Matteson war nie ganz zufrieden mit seiner Flötentanz-Serie, vielleicht, weil es sich dabei um seine ersten Versuche gehandelt hatte. Er wollte sie gerne wiederholen ‹weil ich glaube, daß es noch nie wissenschaftlich gemacht wurde›.[42] Dennoch gewann seine ‹Moki (Hopi) Madonna› einen mit 60 Dollar dotierten Preis von Eastman Kodak.[43] Außerdem benutzte Burton Holmes, ein bekannter Reiseschriftsteller, 56 Hopi-Aufnahmen von Matteson (und nur 30 von Vroman), um einen seiner Essays zu illustrieren.[44]

1901 kehrte Matteson als Photograph einer Expedition des Field Columbian Museum in den Südwesten zurück. Neun Tage lang photographierte er jede Phase der Schlangen- und Antilopenzeremonien der Hopi und machte außerdem Aufnahmen vom Alltagsleben in den Pueblos. Unglücklicherweise wurden aufgrund eines kleinen Loches im Tubus seiner Kamera etwa die Hälfte seiner besten Hopi-Negative zerstört.[45] Aber er hatte auf jeden Fall mehr Glück im Unglück als der Photograph George Ben Wittick, der an einem Schlangenbiß starb.[46]

1902 wurde Matteson Angestellter der William Henry Jackson's Photochrom Company und begleitete den legendären Photographen auf seinen Reisen durch den Westen.[47] Doch bald verließ er die Photochrom wieder, vielleicht, weil bei ihr die einzelnen Photographen anonym blieben oder, weil er lieber frei und unabhängig sein wollte. Er begann nun damit, die Great Plains zu photographieren und Bildvorträge über das Leben im amerikanischen Westen zu halten.

1905 oder 1906 schuf Matteson mit Bildern vom Sonnentanz der Gros Ventre und der Assiniboin-Indianer in Fort Belknap, Montana, seine zweite bedeutende Serie von Indianerphotographien. Eine der Veränderungen, die das Leben im Reservat den Indianern brachte, bestand darin, daß sie nicht mehr selbst entscheiden konnten, wann sie ihre Zeremonien abhielten. Mattesons Artikel im ‹Pacific Monthly› beschrieb, was sich bei diesem vermutlich letzten Sonnentanz ereignete. Der Verantwortliche für das Reservat, ein gewisser Major Logan, war bereit, «die Indianer ihr eigenes Vergnügen planen zu lassen, solange sie die Reservatsregeln beachteten. Die Indianer wollten mit so vielen Darstellungen wie möglich die Zeiten wiederaufleben lassen, als ihr geliebter Büffel noch über ihr Land zog.»[48] Die Beschreibungen, die Matteson von den Tänzen gibt, fangen sowohl die Schönheit wie die Bitterkeit des Ereignisses ein.

«Nie wieder werde wohl ich eine derartige Vielfalt von nackter Haut, Wildleder, Farbe, Federn, Muscheln, Zähnen, Schmuck und Wieselhäuten erleben wie bei diesen Tänzen ... Die Teilnehmer waren zum größten Teil Männer mittleren Alters, die vieles von dem, was sie da darstellten, selbst erlebt hatten, und denen man den Stolz nachsehen wird, mit dem sie hier ihre Klugheit und ihr Geschick noch einmal vorführten.»[49]

Die einwöchige Zeremonie bot Schaukämpfe, Verschenkaktionen, bei denen der Gastgeber fast all seinen Besitz verteilte, Spiele und die verschiedensten Tänze. Dienstag war der Tag des Narrentanzes, bei dem sich die Teilnehmer in grobe Gewänder kleideten, ihre Gesichter grotesk bemalten und überall, wo es nur ging, große Scheiben rohen Fleisches befestigten. Plötzlich wandten sich dann ein oder zwei Männer der Menge zu und bewarfen Pferde oder Menschen, die gerade in der Nähe standen, mit den Fleischstücken.

«Für einen Photographen war dies etwas sehr Ungewöhnliches. Ich verlor deshalb keine Zeit und drängte mich durch den Zuschauerkreis. Dieser mutige Schritt wurde als Herausforderung betrachtet, und ich wurde sofort die Zielscheibe dieser blutigen Raketen. Es war nicht einfach, gleichzeitig mehreren Angreifern auszuweichen und dabei noch meine Kamera zu retten, aber ich hielt die Stellung.»[50]

Am Mittwoch dann der Höhepunkt der Woche: der Sonnentanz und der Bau der Hütte für den Medizinmann. Matteson zeichnete sorgfältig alle Phasen des Baus und des Tanzes auf. So entstanden photographische Sequenzen, die ethnographische Dokumentation mit künstlerischer Meisterschaft verbinden und die den Höhepunkt seiner gesamten Indianerphotographie darstellen. Ein Nachkomme eines der Männer, die damals photographiert wurden, gibt mit der folgenden Beschreibung einen Einblick in Mattesons Persönlichkeit und seine Arbeit:

«Die Art, wie das indianische Volk in diesen Photographien porträtiert wird, ist einzigartig, denn es scheint, daß Matteson über die seltene Gabe verfügte, in kürzester Zeit das Vertrauen dieser Menschen zu gewinnen. Vielleicht spürten sie seinen freien Geist, etwas, was sie selbst nicht mehr besaßen. Auf jeden Fall wurde er zu Zeremonien zugelassen, die vorher für Fremde verboten waren, und durfte sie photographieren ... Es könnte sein, daß die Indianer erkannten, ... daß ihre Art zu leben unterzugehen drohte, und sie deshalb wollten, daß jemand ihre Zeremonien im Bild festhielt.»[51]

Matteson reiste weiter durch das Land und machte Aufnahmen. 1908 hoffte er, für die Zeitschrift ‹Colliers› an einer Fahrt der US-Flotte teilnehmen zu dürfen, doch da er als Schriftsteller keinen Namen hatte, wurde er nicht mitgenommen. Zwar akzeptierte er diese Entscheidung ohne Groll («mir geht es hier besser, als wenn ich versuchen müßte, in heißen Tropengewässern Filme zu entwickeln und dabei noch einen Anzug tragen müßte. Ich bin als Indianer besser denn als Diplomat»).[52] Doch es ist möglich, daß Matteson die Angelegenheit als Zeichen für das Ende seiner zehnjährigen Abenteurerzeit nahm. Obwohl Präsident Theodore Roosevelt seine Photographien als «Knüller» betrachtete,[53] schrieb Matteson nur neun Monate später: «Ich habe die Jagd für eine Weile aufgegeben und glaube nicht, daß ich in diesem Winter auch nur ein weiteres Photo mache.»[54] Er zog nach Milwaukee, wurde Buchhalter bei der Milwaukee Coke and Gas Company und gab das Photographieren praktisch auf.[55] Eine letzte Reise führte ihn 1920 nach Mexiko. Am 26. Oktober bestieg er den Popocatepetl, blieb zu lange oben, bekam eine Lungenentzündung und starb.

Das Erbe von Sumner Matteson lebt weiter. 1976 wurde ein Stipendium, die ‹Sumner W. Matteson Jr. Native American Scholarship› für indianische Studenten des Fort Belknap Reservats in Montana eingerichtet. Wesentliche Voraussetzung für die Bewilligung ist ein tiefes und dauerndes Interesse an den Stammestraditionen und dem Wohlergehen der Indianer.[56]

George Horse Capture, ein Nachkomme eines Gros Ventre-Indianers, der von Matteson photographiert worden war, hat die beste Einschätzung der Arbeit von Matteson und anderen Meisterphotographen der amerikanischen Indianer geliefert:

«Dieses Material beweist unwiderlegbar, daß wir von hier stammen. Das ist unser Volk und wir sind ein großes Volk; wir verfügen über Kräfte, die es vorher nicht gab. Und wir sind dankbar dafür, daß wir in diesen Bildern so lebendig verewigt worden sind.»[57]

Katie Blue Thunder, eine Brule Dakota, 1892 geboren. Das Photo entstand 1900.
JOHN ALVIN ANDERSON

Rechte Seite:
Häuptling Yellow Hair (1835–1913), von den Brule Dakota, und (vermutlich) seine Frau. Aufgenommen 1900.
JOHN ALVIN ANDERSON

YELLOW-HAIR & WIFE
COPYRIGHT 1900.
BY-J.A. ANDERSON

Sam Kills Two, ein Brule Dakota, beim Malen einer Winterzählung, 1926. Manche Plains-Stämme zeichneten die Ereignisse mit Hilfe von symbolischen Figuren oder Piktogrammen auf. Unbekannt ist, ob es sich bei dieser Winterzählung um ein Original handelt oder ob sie eigens für das Photo hergestellt wurde. JOHN ALVIN ANDERSON

Fool Bull (1844–1909), ein Brule Dakota, aufgenommen 1900.
JOHN ALVIN ANDERSON

Turning Bear (1848–1911), ein Brule Dakota, aufgenommen 1900.
John Alvin Anderson

Good Voice, ein Brule Dakota, um 1900. Dieses Porträt zeigt, daß auch ohne traditionelle Kleidung der Porträtierten Meisterwerke entstanden.
JOHN ALVIN ANDERSON

One Star, ein Brule Dakota, 1900.

John Alvin Anderson

Studie einer Brule Dakota mit Kind (undatiert). JOHN ALVIN ANDERSON

Ankunft der Gäste im Kanu zu einem Potlatch-Tanz am Chilkat River, Alaska, 1895. Ein Beispiel der privaten Zeremonien, zu denen die Photographen Zugang hatten, weil sie 1894 Mitglieder des Tlingit-Stammes geworden waren.
Winter und Pond

Unbekannte Frau mit Kind. Die Photographen betrieben ein gutgehendes Studio in Juneau, Alaska, das sowohl Indianern wie Nichtindianern zur Verfügung stand. Es ist möglich, daß diese undatierte Aufnahme im Auftrag der Frau und nicht für kommerzielle Zwecke angefertigt wurde. In jedem Fall zeigen viele Photos Indianer in einer Kleidung, die von anderen Kulturen beeinflußt ist.
WINTER UND POND

‹Chilkat-Indianer in alten Tanzkostümen›. Auf diesen zeremoniellen Photos tauchen bisweilen einige ethnographische Widersprüchlichkeiten auf. Es ist möglich, daß die Indianer nicht bereit waren, sich in ihrer ‹korrekten› Aufmachung photographieren zu lassen, um den Nichtinitiierten keine Geheimnisse preiszugeben.
WINTER UND POND

92 EXTERIOR OF CHIEF'S HOUSE. CHILKAT INDIANS IN OLD DANCING COSTUMES. ALASKA
COPYRIGHT BY WINTER & POND.

Innenansicht des Whale House in Klukwan, 1895. Die Aufnahme zeigt herausragende Beispiele der Kunst der Nordwestküste. Vermutlich wurde das Lichtproblem mit einer besonders langen Belichtungszeit und dem zusätzlichen Abbrennen von Blitzlichtpulver gelöst. Die stehende Person ist vermutlich der Chilkat-Häuptling Coudahwot.
Winter und Pond

Chilkat-Tänzer bei einem Potlatch in Klukwan im Winter 1894/95.
Winter und Pond

Chilkat-Häuptlinge in Tanzkostümen, 1895. Links Coudahwot; rechts Yeil-goozu, auch unter dem Namen George Shotridge bekannt. Shotridge hatte die Leitung des Whale House in Klukwan geerbt.
WINTER UND POND

Indianische Tänzer, Chilkat, Alaska.
WINTER UND POND

Linke Seite: Tlingit-Frauen in Fort Wrangel, Alaska. Diese Photos dokumentieren sowohl Reiche wie Arme und zeigen, wie sie leben.
WINTER UND POND

Rechte Seite: Studioaufnahme von zwei Indianermädchen in Juneau, Alaska.
WINTER UND POND

Hopi («Moki»)-Familie, Oraibi pueblo, Arizona, 1898.
George Wharton James

Hopi-Weber, 1898.
George Wharton James

Hopi-Mädchen, Mutter und Kind, 1898.
George Wharton James

‹Straße in Oraibi pueblo›, vermutlich 1898.
George Wharton James

Hopi-Schlangentanz in Oraibi pueblo, Arizona, 1898. James photographierte den Schlangentanz erstmals 1896, weil ihn abwertende Berichte über den Tanz geärgert hatten.
George Wharton James

MOKI SNAKE DANCE, WALPI, 1897 "TAKING THE EMETIC".

Hopi-Schlangentanz in Walpi pueblo, Arizona. Auf dem Photo sind noch einige andere Photographen zu erkennen. James klagte sehr über die Schwierigkeiten auf die man stieß, wenn man solche Ereignisse photographieren wollte.
George Wharton James

‹Eine Chemihuevi repariert eine Babytrage›. Diese photographischen Meisterwerke waren weder als rein kommerzielle Unternehmungen geplant noch als bloße Dokumentationen einer sich wandelnden Kultur. Statt dessen sollten sie die Tugenden des traditionellen indianischen Lebens rühmen und beim Kampf für die Rechte der Indianer helfen.
George Wharton James

Navaho-Häuptlinge in einem Hogan (mit Erde bedeckte Holzbehausung), 1892.
GEORGE WHARTON JAMES

‹96jährige Indianerin›.
Fort Belknap, Montana, 1905 oder 1906.
Sumner W. Matteson

‹Häuptlinge der Assiniboin und Gros Ventre, geschmückt für den Grastanz›. Fort Belknap, Montana, 1905 oder 1906.
Sumner W. Matteson

Narrentänzer der Assiniboin und Gros Ventre ruht sich aus. Fort Belknap, Montana, 1905 oder 1906.
Sumner W. Matteson

‹Häuptling der Narrentänzer›. Fort Belknap, Montana, 1905 oder 1906.
Sumner W. Matteson

Eine Frau hängt vor einem Tipi Fleisch zum Trocknen an der Luft auf. Fort Belknap, Montana, 1905 oder 1906.
Sumner W. Matteson

Hopi-Schlangentanz, 21. August 1900. Den Schlangen wurden Gebete anvertraut. Dann ließ man sie in alle vier Richtungen frei, damit sie die Gebete den Geistern als Botschaft bringen konnten.
SUMNER W. MATTESON

Dieses Bild mit dem Titel ‹Alter blinder Mann in Oraibi, Arizona› wurde im August 1900 aufgenommen und zeigt einen Hopi. Es ist ein gutes Beispiel für die Fähigkeit des Photographen, das Vertrauen der Menschen zu gewinnen, die er photographierte.
SUMNER W. MATTESON

‹Beten mit der Schlange im Frühling in Mishongnovi›, August 1901. Dieser Ritus war Bestandteil der Hopi-Flötenzeremonie, die jedes zweite Jahr abwechselnd mit dem Schlangentanz durchgeführt wurde, um für eine gute Ernte und um Regen zu bitten.
Sumner W. Matteson

‹Sonnenaufgangsprozession bei der Flötenzeremonie in Walpi, Arizona›, August 1900.
Sumner W. Matteson

‹Hopi-Schönheit am Fenster, Second Mesa, Arizona›, 1901. Obwohl der Photograph für seine Schnappschüsse nur eine Kodak-Kamera benutzte, gelangen ihm aufgrund seiner Fähigkeiten und seines Gefühls für Kompositionen hervorragende Bilder, die weit über dem Durchschnitt lagen.
Sumner W. Matteson

The Medicine
Copyright by

Drittes Kapitel

Landes- und Weltausstellungen

Landes- und Weltausstellungen sind wie Schaufenster, in denen ein Land den Fortschritt vorführt, den es seit seiner Gründung bis zu einem bestimmten Punkt seiner Geschichte gemacht hat. Sie bieten Gelegenheit, über vergangene Errungenschaften wie über die zukünftigen Aussichten einer Kultur nachzudenken. Ausstellungen werden im Auftrag der Regierungen von den führenden Intellektuellen eines Landes organisiert, wobei die Staatsoberhäupter – ob königliche Hoheiten, Präsidenten oder auch Diktatoren – als Sponsoren auftreten. Die Regierungen, die Wirtschaft und private Wohltäter bezahlen die Rechnungen. Teilnehmer wie Besucher erleben ein einzigartiges historisches Ereignis, das unterhaltsam, aber auch lehrreich ist. Ausstellungen bieten die seltene Möglichkeit, die Menschheit in ihrer Vielfalt kennenzulernen und sich der Unterschiede wie der Gemeinsamkeiten unserer Kulturen bewußt zu werden.

Nachdem die Konflikte mit den Indianern des Westens abgeflaut waren, nahmen eine Reihe von Stämmen an den Landes- und Weltausstellungen als «lebende Exponate» teil. Häuptlinge, alte Krieger, Medizinmänner, Handwerker, Entertainer und ganze Familien reisten aus ihrer Heimat zu den Ausstellungsorten, um dort ihr traditionelles Leben als Teil der amerikanischen Geschichte vorzuführen. Amateur- und Berufsphotographen machten Bilder von ihnen, Zeitungsleute und Ethnologen schrieben Artikel über sie. Wir kennen ihre Namen und die Namen ihrer Stämme, und wir wissen normalerweise auch, wann und woher sie kamen. Aber weil Indianer in unseren Geschichtsbüchern kaum zu Wort kommen, wissen wir sehr wenig darüber, warum sie kamen, wie sie sich auf diesen Ausstellungen fühlten und wie es war, als sie wieder in ihre Reservate zurückkehrten.

Die Ausstellungen boten einzigartige photographische Möglichkeiten. Niemals zuvor hatte es so viele Indianer gleichzeitig und an einem Ort gegeben, die sich friedlich photographieren ließen. Früher mußten die Photographen Indianer anflehen, damit sie in ihre Studios kamen und sich photographieren ließen. Und noch schwerer war es, Bilder vom Leben in den Reservaten zu bekommen. Es dauerte gewöhnlich viele Jahre, bis man das Vertrauen der Indianer gewann und dazu brauchte der Photograph noch Glück und günstige Umstände, um Zugang zu ihnen zu finden. Aufnahmen von indianischen Stämmen (in welcher Lage sie auch waren) zu machen hieß im amerikanischen Westen des 19. Jahrhunderts für den Photographen immer lange und beschwerliche Reisen, normalerweise auch noch auf eigene Kosten.

Den von der Regierung offiziell für die Ausstellungen engagierten Photographen wurden die meisten Auslagen ersetzt. Sie konnten, wie die Studiophotographen, die Indianerbilder machten, Geld verdienen. Einige veröffentlichten ihre Abzüge in den Ausstellungsführern und wurden dadurch bekannt. Da die Regierung keine Rechte an den Photographien besaß, behielten die meisten Photographen ihre Negative, um später weitere Abzüge verkaufen zu können.

Auch wenn das Hauptinteresse, Ausstellungsphotograph zu werden, sicher ein kommerzielles war, so erkannten doch viele dieser Photographen den Wert, den ihre Bilder als Dokumentation einer untergehenden Rasse darstellten. Einige ihrer Erfahrungsberichte von den Ausstellungen haben überlebt und offenbaren das Wechselspiel zwischen den «Schattenfängern» und ihren Objekten. Obwohl die meisten Indianer scheue Menschen aus isolierten Reservaten waren, wurden sie auf den Bühnen, die ihnen die Ausstellungen boten, zu dynamischen Schauspielern, und diese Erfahrung muß sowohl bei ihnen wie bei den Photographen zu erheblichen Veränderungen geführt haben.

Shunkapaug, ein Medizinmann, photographiert 1904 bei der Louisiana Purchase Exposition.
GERHARD SISTERS

Frühe Ausstellungen

Die Ära der internationalen Ausstellungen begann mit der Eröffnung der Weltausstellung im Crystal Palace in London im Mai 1851, bei der Königin Victoria und ihr Mann, Prinz Albert, präsidierten. In seiner Eröffnungsrede erklärte der Prinz, «die Ausstellung von 1851 soll uns eine wahrhaftige Darstellung und ein lebendiges Bild des Entwicklungsstandes geben, an dem die gesamte Menschheit angekommen ist». Es gab 499 Ausstellungsstände, darunter elf ethnographische Inszenierungen. Abgesehen davon, daß es sich dabei um ausgezeichnete Kunstwerke handelte, vermittelten diese Inszenierungen ein lebendiges Bild von den Sitten der Ureinwohner ferner Länder, wie es weder Zeichnungen noch Beschreibungen vermochten. Es gab Modelle der verschiedenen Hindu-Kasten, von Thug-Mördern, einem spanischen Stierkampf, mexikanischen Händlern und maltesischen Rittern. Das Modell aus Amerika stellte einen Indianer dar, der einen Weißen skalpiert, und entsprach damit dem üblichen Klischee des «Wilden» in dieser Zeit. Zwei leibhaftige Iowa-Indianer waren aufgeboten worden, um die friedlichen Stämme zu repräsentieren. Leider scheint es keine Photos von ihnen zu geben.[1]

Prinz Roland Bonaparte

Die ersten Ausstellungen, auf denen die anwesenden ethnischen Gruppen photographiert wurden, kamen mit französischer Unterstützung zustande. Prinz Roland Bonaparte, Großneffe des Kaisers Napoleon, war einer der ersten Ethnologen, der Photographien von amerikanischen Indianern auf Ausstellungen in Europa machen ließ und der den Wert dieser Bilder für die Kommunikation quer durch die Kulturen erkannte.

Bonaparte wurde am 19. Mai 1858 in Paris geboren. Er erhielt eine militärische Ausbildung, die er an der Ecole de Saint-Cyr, der französischen Militärakademie, abschloß. Als man die anderen Bonaparte-Prinzen nach der Niederlage Napoleons III. aus Frankreich auswies, durfte er bleiben, wurde aber aus der französischen Armee ausgestoßen. Daraufhin studierte er Geographie, Sozialwissenschaften und Anthropologie. Bonapartes Lehrer in Ethnologie war Paul Broca, der französische Anthropologe und Pionier der Gehirnchirurgie. Seine erste Feldforschung bestand in anthropometrischen Beschreibungen der Eingeborenen von Surinam in Indien, die an der Kolonialausstellung in Amsterdam 1883 teilnahmen. Die Photographien der Surinam wurden von M. Hisgen aus Amsterdam gemacht.[2] 1883 ließ Bonaparte auf der Jardin d'Acclimatation-Ausstellung in Paris Bilder der angereisten Omaha-Indianer anfertigen. Sie erinnern an die Photographien, die viele Jahre zuvor von den nach Washington delegierten Indianern gemacht wurden. Stolze Omaha-Häuptlinge im vollen zeremoniellen Ornat treffen hier gleichsam noch einmal als Nation auf die führenden Vertreter des Staates.[3]

Bonaparte reiste 1887 zum ersten Mal in die Neue Welt, um die Indianer von Mexiko, Kanada und den USA zu photographieren. Er finanzierte auch Expeditionen nach Afrika, Asien und Australien und ließ die Ureinwohner dieser Kontinente auf der Pariser Weltausstellung von 1889 photographieren.

1906 hatte Bonaparte eine Sammlung von über 7000 Negativen, von denen einige abgezogen und in Mappen vertrieben wurden. Sein Album über nordamerikanische Indianer, ‹Peaux Rouges›, war 1884 erschienen. Ein Exemplar war ursprünglich der Anthropologischen Gesellschaft von Washington übergeben worden und wurde später ein Teil der ethnographischen Photosammlungen des Smithsonian Instituts.[4]

Roland Bonaparte starb am 15. April 1924 in Paris. Die Nachrufe in den Zeitungen beschrieben ihn als überzeugten Republikaner, der nie Ansprüche auf den französischen Thron gestellt hatte. Statt dessen hatte er die Ehrendoktorwürde der Universitäten von Uppsala und Cambridge erhalten, war Präsident der französischen Geographischen Gesellschaft und der Interna-

Beautiful Hill (Va-shesh-na-be) und Kind, Omaha-Indianer, aufgenommen auf der Jardin d'Acclimatation-Ausstellung 1883 in Paris.
Prinz Roland Bonaparte

tional Aeronautical Federation. Bekannt war er auch für sein Engagement bei der Gründung des Völkerbunds nach dem Ersten Weltkrieg geworden.

Bonaparte war immer ein großer Bewunderer amerikanischer öffentlicher Institutionen. Während des Ersten Weltkrieges hatte er erklärt, daß er – so stolz er sei, ein Franzose zu sein – sonst am liebsten als Bürger der Vereinigten Staaten geboren worden wäre. Sein wichtigstes Erbe sind seine gelehrten wissenschaftlichen Publikationen und die unvergeßlichen Photographien, die er von den eingeborenen Völkern der Welt gesammelt hat.[5]

Amerikanische Ausstellungen

Die New Yorker Weltausstellung von 1853 war die erste Weltausstellung in Amerika. Sie wurde am 14. Juli von Präsident Franklin Pierce feierlich eröffnet. Da die Indianer am Beginn der amerikanischen Geschichte standen, spielten sie auf der Weltausstellung eine markante Rolle. Unter den Gästen war auch General Winfield Scott, ein Nationalheld und Sammler von Indianerphotos. Allerdings wurden bei dieser Gelegenheit offenbar keine Photos ausgestellt, es gab lediglich eine Galerie mit Gemälden, die verschiedene ethnische Gruppen zeigten.[6]

Die Ausstellung zur Hundertjahrfeier

Vom 10. Mai bis zum 10. November 1876 fand in Philadelphia die International Centennial Exposition statt. Man feierte den hundertsten Geburtstag der amerikanischen Unabhängigkeitserklärung durch die Darstellung des industriellen und technologischen Fortschritts, den es seither gegeben hatte. Doch hatte auch über hundert Jahre lang Krieg in Amerika geherrscht. Im Westen hatten die Aufstände der Indianer ihren Höhepunkt erreicht. Im Sommer 1876 kam es zur Schlacht vom Little Bighorn. Colonel George Armstrong Custer und 264 Soldaten der 7. US-Kavallerie wurden von den Sioux getötet.

Um für die Hundertjahrfeier Material zu sammeln, wurden private und Regierungsexpeditionen organisiert, wobei erstmals das Smithsonian Institut beteiligt war. Gesammelt wurden sowohl Gegenstände als auch Photos, die bei den US Surveys in den amerikanischen Westen entstanden waren. Vor der Feldforschung von 1875 machten sich die offiziellen Photographen William Henry Jackson von der Hayden-Expedition und John K. Hillers von der Powell-Expedition auf den Weg zum Grand Council, der in Okmulgee im Indianergebiet abgehalten wurde. Alle Nationen des Gebietes waren vertreten. Die beiden Meisterphotographen lieferten einen sensiblen ethnographischen Beleg, der nicht nur das historische Ereignis dokumentierte, sondern auch ein romantisches Bild von Kriegern – frisch vom Kriegspfad – bei einer der letzten Friedenskonferenzen des 19. Jahrhunderts zeigte.[7]

Jackson schloß sich nicht der Hayden-Expedition an, die vom Dezember 1875 bis Februar 1876 dauerte. Er blieb in Washington und stellte das Material für den zur Hundertjahrfeier geplanten historischen und biographischen Photokatalog der 75 nordamerikanischen Indianerstämme zusammen. Außerdem war er bei der Ausstellung der Repräsentant der US Geological Survey. Die Hayden-Expedition hatte einen eigenen Ausstellungsstand mit Modellen von Pueblo-Ruinen aus dem Südwesten. Dabei wurden die neue photographische Trockenplatte sowie die neuen Panoramakameras vorgeführt. Außerdem wurden Jacksons Photos von historischen Klippensiedlungen am Rio Mancos und am Rio de Chelly und von den heißen Quellen im Yellowstone Nationalpark gezeigt, und der Stand gewann eine Bronzemedaille.[8]

Die Internationale Kolumbus-Weltausstellung

Die internationale Kolumbus-Weltausstellung wurde vom 1. Mai bis 30. Oktober 1893 in Chicago abgehalten, um an das vierhundertjährige Jubiläum der Entdeckung Amerikas zu erinnern. Otis T. Mason vom US Nationalmuseum des Smithsonian Instituts bemerkte dazu: «Es ist wirklich nicht übertrieben, wenn ich sage, daß die Kolumbus-Weltausstellung eine einzige anthropologische Offenbarung war. Es war zwar nicht die ganze Menschheit anwesend, aber ihre Vertreter waren es, entweder in persona oder als Bild.»[9]

Ziel der gemeinsam vom Smithsonian und dem Bureau of American Ethnology veranstalteten Ausstellung im Regierungsgebäude war es, «den Beginn unserer modernen Industrie zu erklären ... und zu zeigen, welche Stellung unsere Urbevölkerung unter den verschiedenen Völkern der Erde hatte».[10] Originalzeichnungen und Karten des Künstlers John White zur

Dokumentation von Indianern der Insel Roanoke vor Carolina von 1585 (heute im British Museum) waren Teil der Ausstellung. Die Illustrationen waren «die ersten englischen Zeichnungen, die die Eingeborenen Amerikas mit ihren Sitten und Kostümen zeigten». Schon beim ersten Anblick vermittelte sich etwas von der Lebensweise und der Naturverbundenheit der Indianer.[11]

Am Eingang der Gemeinschaftsausstellung hing eine Karte, die die «Lage und Verteilung der Völker auf dem nordamerikanischen Kontinent zur Zeit ihrer Entdeckung zeigte ... so wie sie Major Powell, der Direktor des Bureau of American Ethnology kürzlich in einem linguistischen Atlas zusammengestellt hatte ... der auch die Siedlungsgebiete einzelner Stämme und Familien berücksichtigte».[12] Die Karte war das Ergebnis eines offiziellen Regierungsauftrags an Powell, die Indianer nach Sprachen aufzuteilen, um ihre Verlegung in die Reservate besser organisieren zu können.

Innerhalb der Ausstellung wurden noch einmal die ethnographischen Modelle gezeigt (ähnlich wie die bei der Weltausstellung 1851 in London). Diesmal jedoch stellten die Indianerfiguren keine ‹Wilden› mehr dar, die Weiße skalpierten, sondern friedliche Reservatsindianer – Big Cow, ein Kiowa; eine Ute-Frau mit ihrem Kind in der Wiege; und ein Mann, der als «Crow-Künstler» bezeichnet wurde. Es gab auch Figuren von Häuptling Red Cloud, Sitting Bull und Rosa White Thunder vom Stamm der Sioux. Powell berichtete, daß diese Figuren, die «auffälligsten Exponate der Ausstellung waren, und von amerikanischen wie von ausländischen Besuchern und Fachleuten gleichermaßen gelobt wurden. Sie gewannen eine Medaille und ein Diplom für besondere Verdienste».[13] Die Modelle wurden später zur Historischen Kolumbus-Ausstellung nach Madrid geschickt. Die Welt sollte den ‹neuen› Indianer kennenlernen, den Indianer des Reservats.

Die meisten Berufsphotographen bevorzugten die Plattenkameras. Für die Photos auf der Ausstellung verwendeten sie die großformatigen Kameras, die William Henry Jackson und John K. Hillers benutzt hatten. Aber 1888 war die Boxkamera von Kodak erfunden worden, und nun gab es Hunderte von Amateurphotographen, die darum wetteiferten, Bilder von Indianern zu machen. Was einst die Domäne der Meister gewesen war, wurde bald zu einem Zirkus, bei dem jedermann die, wie er glaubte, letzten Photographien von Indianern knipsen wollte.[14]

Die Trans-Mississippi-Ausstellung

Die Trans-Mississippi and International Exposition zeigte die Produkte, die Industrie und die Kultur der Staaten westlich des Mississippi. Sie fand vom 1. Juni bis 31. Oktober 1898 in Omaha, Nebraska, statt. Präsident William J. McKinley eröffnete die Ausstellung auf einem Gelände, das als ‹Magic City› bekannt wurde. Nicht viel mehr als eine Generation zuvor hatten die Omaha-Indianer friedlich auf dem Land gelebt, das nun ‹Magic City› okkupierte.[15]

Die Ausstellung von 1898 war die erfolgreichste, die bis dahin in Amerika stattgefunden hatte. Mitten in einer wirtschaftlichen Depression und kurz vor Ausbruch des spanisch-amerikanischen Krieges um Kuba und die Philippinen lockte sie über zweieinhalb Millionen Besucher an und brachte der Regierung mehrere hunderttausend Dollar ein. Das Neueste aus Kunst und Industrie sowie all die Vorteile der Zivilisation des weißen Mannes wurden als Zeugnis dessen, was die «Schicksalsbestimmung» im Westen bewirkt hatte, zur Schau gestellt. Als Kontrast dazu gab es aber auch eine Gruppe nordamerikanischer Indianer, die die Stämme vertraten, die die Auswirkungen dieser «Schicksalsbestimmung» erfahren hatten – und zwar auf eine so einschneidende Weise, daß es für jemanden, der es nicht selbst erlebt hatte, kaum nachvollziehbar war.[16]

Die meisten Ausstellungen im 19. Jahrhundert hatten immer nur ein paar Indianer als Kuriositäten der Vergangenheit gezeigt. Bei der Ausstellung von 1898 hingegen war ursprünglich geplant, alle Stämme vorzuführen, die unter der nationalen Assimilierungspolitik Fort-

Häuptling Wolf Robe, ein Süd-Cheyenne, mit der Friedensmedaille. Das Porträt wurde 1898 bei der Trans-Mississippi and International Exposition in Omaha, Nebraska aufgenommen.
RINEHART UND MUHR

schritte gemacht hatten. Eine Ethnologin des Smithsonian, Alice Fletcher, vertrat die Regierung bei der ‹Indian Education Exhibit›, zu der eine indianische Schule gehörte. Als zusätzliche Attraktion sollten sämtliche Stämme auf einem ersten ‹Indianerkongreß› präsentiert werden.

Zu diesem Kongreß wurden die Häuptlinge aller Indianerstämme eingeladen, darunter auch Turning Eagle von den Brule. Er zögerte zunächst mit seiner Teilnahme. Einer seiner Freunde, der Lehrer und Photograph Jesse Hastings Bratley, berichtete bedauernd, daß die Teilnahme des Häuptlings bedeute, daß seine Tochter von der Schule befreit werden müsse, damit sie die Aufgaben ihres Vaters wahrnehmen könne. Die Ausstellung sollte jedoch viel weitreichendere Folgen haben, als ein paar versäumte Schultage.[17]

Die Idee des Indianerkongresses stammte von Edward Rosewater, dem Herausgeber der Zeitung ‹Omaha Bee›. Das Innenministerium übernahm die Verantwortung für die Durchführung und machte Captain William A. Mercer, den offiziellen Agenten der nahegelegenen Omaha- und Winnebago-Stämme zum Leiter. James Mooney vom Bureau of American Ethnology am Smithsonian Institut, der damals der führende Experte für indianische Kultur war, wurde zu seinem Berater ernannt. Als offiziellen Photographen verpflichtete das Büro Frank A. Rinehart.

FRANK A. RINEHART

Rinehart wurde 1862 in Illinois geboren und starb 1929. Sein Bruder, Alfred Evan Rinehart, war auch Photograph und ehemaliger Partner von William Henry Jackson. Von 1881 bis 1885 arbeitete Rinehart im Studio seines Bruders und wohnte bei Jacksons Sohn Fred, bevor er in Omaha sein eigenes Studio eröffnete. Der Vater Jackson hatte seine photographischen Fähigkeiten während des Bürgerkriegs, beim Eisenbahnbau und bei den Expeditionen in den amerikanischen Westen zu höchstem Niveau entwickelt. Seine Landschaftsaufnahmen sowie seine Studioporträts der Indianer hatten ihm einen internationalen Ruf eingebracht. Für jeden photographischen Berufsanfänger muß es sehr inspirierend gewesen sein, Jackson bei der Arbeit zu beobachten. So auch für Rinehart, der mit 29 Jahren gerade seine Karriere begann. Jackson muß einen gewaltigen Einfluß ausgeübt haben, und das mag ein Hauptgrund dafür gewesen sein, daß Rinehart Indianer photographieren wollte.

Auf dem Gelände der Ausstellung erhielt Rinehart sein eigenes kleines Studio. Sein wichtigstes Werkzeug war eine 8 × 10 Plattenkamera, die mit einer deutschen Linse ausgestattet war. Oberlichte mit Jalousien gaben dem Studio die ideale Beleuchtung. Es waren hervorragende Bedingungen, unter denen sich die Indianerporträts abseits vom Trubel der Ausstellung gut anfertigen ließen.[18]

Zur Ausstellung war Rinehart mit einem besonderen Anliegen gekommen. Er hatte erkannt, daß dies eine seltene Gelegenheit war, die Indianer zu studieren, bevor sie von der weißen Kultur vereinnahmt wurden. In seiner Broschüre ‹Rinehart's Indians›, die 1899 erschien, schrieb er:

«Die Kamera ... war ständig im Einsatz, um Szenen und Gesichter dieser interessanten Menschen festzuhalten, die mitsamt ihrer wilden Aufmachung sehr bald verschwunden sein werden. In erstaunlich kurzer Zeit werden Erziehung und Zivilisation ihre Federn, Perlen und Farben ausrotten – die Zeichensprache, die Tänze – und die Indianer der Vergangenheit werden nur noch in der Erinnerung und in Bildern weiterleben.»[19]

Rinehart begann die Indianer zu photographieren, als sie im August, etwa zur Halbzeit der Ausstellung, eintrafen. Ab da kamen sie in Delegationen und einzeln bis zum Ende der Ausstellung. Mooney hatte den Indianerkongreß für die letzte Woche geplant. Er sah darin die einzigartige Möglichkeit, die Öffentlichkeit in einem bisher nie gekannten Ausmaß über das traditionelle Leben der Indianer zu informieren. Erst ein paar Jahre zuvor waren die Indianerkriege durch das Massaker von Wounded Knee zu Ende gegangen, und Mooney und Rinehart glaubten wie so viele ihrer Zeitgenossen, daß die übriggebliebenen Stämme bald verschwunden sein würden. Die Ausstellung schien eine der letzten Gelegenheiten zu sein, an der so viele Ureinwohner teilnehmen und photographiert werden konnten. Da das Projekt so breit angelegt war, hatte Mooney Rosewater vorgeschlagen, die Stämme so zu wählen, daß jede indianische Hausform vertreten war. Insgesamt erschienen 545 indianische Delegierte von 36 Stämmen.[20]

Die Indian Rights Association hatte den Indianerkongreß gebilligt und ihre Teilnahme zugesagt, vorausgesetzt, er werde «sorgfältig vor der Absicht von Personen geschützt, die darauf aus sind, den Kongreß zum Zweck der persönlichen Bereicherung oder der Zurschaustellung zu nutzen».[21] Dennoch lenkte Captain Mercer im Verlauf der Ausstellung den Tenor der Veranstaltungen von Information zu Unterhaltung, indem er Schaukämpfe einführte, in denen die Indianer mitspielten. Die Anfangsveranstaltung sollte zusammen mit der Convention of the Improved Order of Red Man (I.O.R.M.) abgehalten werden, einem Geheimorden weißer Brüder in Kostümen, die indianischer Kleidung nachempfunden waren. Nachdem die Mitglieder der I.O.R.M. in Omaha angekommen waren, wurden am 10. August die Pläne für einen sorgfältig ausgearbeiteten Schaukampf zwischen Indianern und den Red Men fertiggestellt. Am Nachmittag vor dem geplanten gestellten Krieg teilten die I.O.R.M. Mitglieder Mercer mit, daß sie nicht teilnehmen würden. Da die Schlacht öffentlich angekündigt worden war, bemühte sich Mercer hektisch darum, das Ereignis zu retten und borgte sogar Gewehre von der Kadettenschule am Ort. Die Teilnehmer der Wildwestshow auf der Ausstellung und einige I.O.R.M. Mitglieder, die doch noch kamen, spielten die ‹Guten›, während die ‹Bösen› vom Indianerkongreß von Mercer geführt wurden.

Die Schlacht bestand aus Überraschungsangriffen, Gegenangriffen und Rückzügen, wobei Gefangene auf dem Scheiterhaufen verbrannt wurden, sowie aus wagemutigen Rettungsaktionen auf beiden Seiten. Nach der Schlacht taten die Indianerfrauen so, als verstümmelten sie die Leichen ihrer Feinde. Die Indianer bekamen die Hälfte des Eintrittsgeldes und die andere Hälfte wurde von Mercer für die Organisation der Ausstellung kassiert.

Solche Schaukämpfe wurden zu sehr populären Veranstaltungen. Nach und nach machten auch andere Indianer bei den Kämpfen mit, ohne die Teilnahme von Außenseitern. Am 12. Oktober war Präsident McKinley Ehrengast bei einem Schaukampf, empfing die Teilnehmer in einer großen Parade und war von der Ausstellung begeistert.[22]

James Mooney vom Smithsonian Institut hatte 106 Delegierte mit ihren Ponys und einem Wichita Grass House vom Reservat in Oklahoma mitgebracht, das auf dem Ausstellungsgelände errichtet wurde. Am 27. September 1898 berichtete Mooney, daß die einzigen ethnologischen Exponate auf dem Gelände das Grashaus und ein Tipi seien. Der Indianerkongreß sei «rasch zu einer Wildwestshow degeneriert, mit dem einzigen Zweck, mehr Eintrittsgeld zu bekommen ... der einzige Gewinn für die Ethnologie liegt in der Möglichkeit, ein paar Bilder für Sammlungen zu erstehen. Der Präzedenzfall mag für zukünftige Ausstellungen von Wert sein, damit das Büro sichergeht, die alleinige Kontrolle zu haben, aber dieser Ort hier ist für einen Ethnologen Zeitverschwendung und verlorene Mühe.»[23]

Anders als Mooney war sich Mercer darüber klar, daß seine Zuschauer die Verschiedenheit jener Kulturen, die sie gerade erst unterjocht hatten, noch nicht würdigen konnten. Rineharts Schlachtenphotos bestätigten das verbreitete Klischee von den feindlichen Plains-Indianern, obwohl die meisten Teilnehmer an den Schaukämpfen Mitglieder der Sac und Fox und der Flathead-Stämme waren, oder Pueblos aus dem Südwesten. Erst am Ende der Ausstellung zeigten sich die Delegierten der Comanchen, Kiowa, Wichita und Sioux bereit, an dem Kriegsspiel teilzunehmen. Im Verlauf der Ausstellung hatten sich Rineharts Photographien von realistischen Porträts des indianischen Lebens, wie sie von den anwesenden Indianerführern repräsentiert wurden, zu romantisierenden Bildern von Kriegsgestalten aus der Vergangenheit gewandelt.[24]

Trotz der Zirkusatmosphäre war es für die Veteranen beider Seiten der Indianerkriege eine nostalgische Wiedervereinigung. General Nelson Miles traf seinen alten Freund und Gegner, den Apachenhäuptling Geronimo, der immer noch Gefangener des Kriegsministeriums war. Die berühmten Häuptlinge der Sioux, Red Cloud und American Horse waren da, ebenso wie White Swan, einer von Custers Crow Scouts und der einzige bekannte Überlebende der Schlacht vom Little Bighorn. Wahrscheinlich profitierten die Indianer am meisten von der Möglichkeit, andere Indianer zu treffen und Kontakte zwischen den Stämmen zu knüpfen. Zu den Festivitäten gehörte auch ein Hundefest, ein Geister- und ein Feuertanz: nicht alle Traditionen waren verschwunden.

In der letzten Ausstellungswoche wurde Rinehart von der Regierung beauftragt, die Delegierten des Indianerkongresses zu photographieren, aber er hatte zuviel mit anderen Aufnahmen zu tun. Die Delegiertenporträts wurden schließlich von Adolph F. Muhr, einem Mitarbeiter von Rineharts Studio in Omaha, gemacht.

Adolph F. Muhr

Muhrs Photos hielten ein einzigartiges historisches Ereignis fest und vermitteln ungewöhnliche ethnographische Einsichten. Im Ausstellungskatalog schrieb er:

«Zuerst waren sie (die Indianer) scheu, zögerten wie Kinder, aber mit ein wenig Überredungskunst und wenn man sie besser kannte, schmolz das Eis, ... die Bekanntschaft reifte zu vielen herzlichen Freundschaften. Die Informationen in diesem Katalog stammen aus den Gesprächen mit den Indianern über Dolmetscher. Die ethnographische Einführung bei jedem Stamm beruht auf den Notizen, die damals gemacht und mit Hilfe der begrenzten Quellen überprüft wurden. Ich vertraue darauf, daß Ungenauigkeiten verziehen werden.»[25]

Muhr photographierte in den letzten zwei Oktoberwochen 1898 die Delegation der Salish. Ende Oktober wurde das Ausstellungsgelände immer verlassener. Ein Reporter des ‹World Herald› beklagte, daß das «was einmal der wärmste Fleck des Ausstellungsgeländes gewesen war, nämlich der Indianerkongreß, nun plötzlich zu einem verlassenen Dorf wird, da nachts nur noch zwei Gruppen der Sioux da sind».[26]

Unter Mooneys Regie entstanden über 200 Photos von 70 Stämmen. Er berichtete: «Die Arbeit vollzog sich nach einem systematischen Plan. Die Indianer wurden im Kostüm in Stammesgruppen und einzeln, als Brustbild, im Profil und in voller Größe photographiert. Das Resultat war eine der besten Sammlungen von Indianerporträts, die es gab ... gleichzeitig wurde der Name jedes einzelnen und seine Bedeutung sowie einige Informationen über den Stamm aufgeschrieben und ein kurzes Wortverzeichnis von jeder Sprache...»[27]

Das Büro, das die Hälfte der Photographenhonorare bezahlt hatte, behielt einen Satz Negative. Weitere hundert Abzüge wurden von den Veranstaltern der Ausstellung bezahlt, wobei das Copyright bei Rinehart lag.[28] Rinehart hatte auch das Copyright für einen zweiten Satz von Muhrs Photos, die von seinem Studio kommerziell vertrieben werden sollten, und es spricht einiges dafür, daß er später in die Indianerreservate reiste, um die Omaha-Photos zu vervollständigen.

Es ist interessant, welche Photos Rinehart für die Veröffentlichung in seinen Mappen aussuchte. Die Mehrzahl der besten Porträts von Indianerhäuptlingen sind Aufnahmen von Muhr. Die ethnozentrischen Bildtexte scheinen von Rinehart aufgrund von Mooneys und Muhrs Notizen ausgeschmückt worden zu sein. Seine eigenen Bilder sind eher dokumentarischer Natur im Gegensatz zu Muhrs künstlerischen Kompositionen. Die Qualität von Muhrs Negativen und die spürbare Sensibilität seinen würdevollen Modellen gegenüber spiegeln seine Begabung, seine Liebe zu seiner Arbeit, seine Bewunderung für die Indianer und deren Vertrauen wider. Es ist nicht erstaunlich, daß Muhr später mit Edward S. Curtis zusammenarbeitete, dem größten Piktoralisten der nordamerikanischen Indianer.

Die Indianerphotos von Rinehart wurden allgemein bekannt und gehören zur besten photographischen Dokumentation der Indianerführer um die Jahrhundertwende. In ihnen drückt sich die ursprüngliche Absicht des Indianerkongresses aus und so bewahren sie die Erinnerung an die Tradition der nordamerikanischen Indianer zur Erziehung zukünftiger Generationen.[29]

Die Louisiana-Ausstellung

Die Louisiana Purchase Exposition fand vom 30. April bis 1. Dezember 1904 in St. Louis, Missouri, statt. Hundert Jahre zuvor hatten die Vereinigten Staaten den Franzosen das Gebiet von Louisiana abgekauft, und dieser Jahrestag wurde nun gefeiert. Die Ausstellung wurde von Charles Warren Fairbanks, dem Vizepräsidenten unter Theodore Roosevelt, eröffnet.

Die Hauptgebäude der Ausstellung waren fächerförmig angeordnet und enthielten auch einen Kunstpalast. Es wurden figürliche Dekorationen entworfen, die die Geschichte und die Sagenwelt des Westens darstellten. Darunter waren wilde Tiere, berühmte Entdeckungen, Pioniere und Indianer. Das Gelände der Ausstellung hieß ‹Forest City›.

Professor W. J. McGee, der Präsident der American Anthropological Association, berichtete, daß die «lebenden Exponate» der Ausstellung entsprechend der Abfolge in der Evolution angeordnet waren. Die eher fortgeschrittenen Ureinwohner standen in der Nähe der Indianerschule und am Ende die afrikanischen Pygmäen und die Igoroten von den Philippinen. Der 12. und 13. August waren die «anthropologischen Tage», an denen ethnische Tänze, Wettkämpfe und Zeremonien im Stadion vorgeführt wurden.[30]

Die Gerhard Sisters

Ungewöhnlicherweise arbeiteten auch zwei weibliche Berufsphotographinnen auf der Ausstellung. Es waren Mamie und Emma Gerhard, die Erben des ‹Guerin and Canova Studios› in St. Louis, und ihnen gelang eine lebendige historische Darstellung der Teilnehmer.[31] Obwohl sie von der Regierung nicht als offizielle Photographinnen engagiert worden waren, müssen sie von der Ausstellungsleitung geduldet worden sein, da nur Photographen, deren Arbeit von professioneller Qualität war und die Großbildkameras benutzten, eine Lizenz erhielten, Indianer oder andere ethnische Gruppen zu photographieren. Amateurphotographen waren vom offiziellen Photographieren ausgeschlossen.[32]

Wie Adolph Muhr photographierten auch die Gerhard Sisters die letzten der großen Indianerführer, darunter Geronimo, den Häuptling der Osage, Oh-lo-ho-walla, und den Häuptling der Arikara, Red Star. Außerdem machten sie beeindruckende Studioporträts von Indianern aus den Plains, dem Südwesten und auch aus Kalifornien. Es ist eine Ironie der Geschichte, daß die Häuptlinge nur zehn Jahre vor dem Ersten Weltkrieg stolz die Friedensmedaillen trugen, die man ihnen als Führer eigener Nationen in den Vertragsverhandlungen mit der Regierung verliehen hatte.

Neben den Porträts photographierten die Gerhard Sisters noch verschiedene Ereignisse auf dem Ausstellungsgelände, darunter eine herrliche Dokumentation über einen Chippewa, der mit anderen Indianern Bogenschießen übt. Ihre hervorragenden photographischen Fähigkeiten zeigen sich bei ihren Innenaufnahmen von Cheyenne-Häusern und ihren Bildern von Schlangen- und Adlertänzen der Hopi. Zusammen mit Jesse Tarbox Beals, die auch aus St. Louis stammte und eine der ersten Pressephotographinnen war, machten sie auch Photos von den Ureinwohnern der Philippinen, die ebenfalls Teil der anthropologischen Ausstellung waren.[33]

Abgesehen von ihren außergewöhnlichen Arbeiten wissen wir fast nichts über die Gerhard Sisters. Bis heute tauchen sie in unseren Geschichtsbüchern nicht auf. Aber ihre Bilder sprechen für sich selbst. Die Porträts der verschiedenen ethnischen Gruppen sind Kunstwerke. Die Menschen, die Kostüme, Artefakte und Tiere sind ein Ganzes. So würde ein indianischer

Maler ein Bild sehen und malen. Die Gerhard Sisters müssen eine sehr tiefe Verbindung mit den Indianern gehabt haben, um deren Sicht der Welt so bewußt zu empfinden.

Von den Landschaftsaufnahmen und den alten Ruinen, die von Jackson photographiert wurden, erhalten wir ein Gefühl von Raum und Zeit. Die Bilder von Bonaparte und Rinehart führen uns eine wichtige historisch-ethnographische Dokumentation vor Augen. Die Kunst von Muhr und den Gerhards vermitteln uns das Wesen der Menschen. Alle zusammen sind unvergeßliche Erinnerungen an die Lebensgewohnheiten der nordamerikanischen Indianer.

Hard Chief, ein Omaha, 1883 auf der Jardin d'Acclimatation-Ausstellung.
Prinz Roland Bonaparte

Rechte Seite: Standing Bear (Montchou-Naji), ein Omaha-Unterhäuptling, der die nordamerikanischen Indianer auf der Jardin d'Acclimatation-Ausstellung 1883 in Paris vertrat.
Prinz Roland Bonaparte

Blackfoot/Piegan-Gruppe. Das Photo entstand 1898 bei der Trans-Mississippi and International Exposition in Omaha, Nebraska.
Rinehart und Muhr

Zwei Apachen von der San Carlos Agency, Arizona mit den Namen ‹Long› (links) und ‹Forgetting› (rechts). Das Photo entstand 1898 bei der Trans-Mississippi and International Exposition in Omaha, Nebraska.
Rinehart und Muhr

Nellie Jumping Eagle, eine Sioux. Aufgenommen 1904 bei der Louisiana Purchase Exposition, St. Louis, Missouri.
Gerhard Sisters

Navaho-Paar bei der Louisiana Purchase Exposition, 1904.
Gerhard Sisters

Navajo Buck and Squaw
Copyrighted by
Gerhard Sisters
St. Louis Mo.
1905
COPYRIGHTED
-BY-
Gerhard Sisters
ST. LOUIS, MO.

Nancy Columbia, eine Eskimo, die 1893 bei der Kolumbus-Weltausstellung geboren wurde. Aufgenommen bei der Louisiana Purchase Exposition, 1904.
GERHARD SISTERS

Eine Gruppe Eskimos mit Nancy Columbia (stehend, dritte von rechts) bei der Louisiana Purchase Exposition.
GERHARD SISTERS

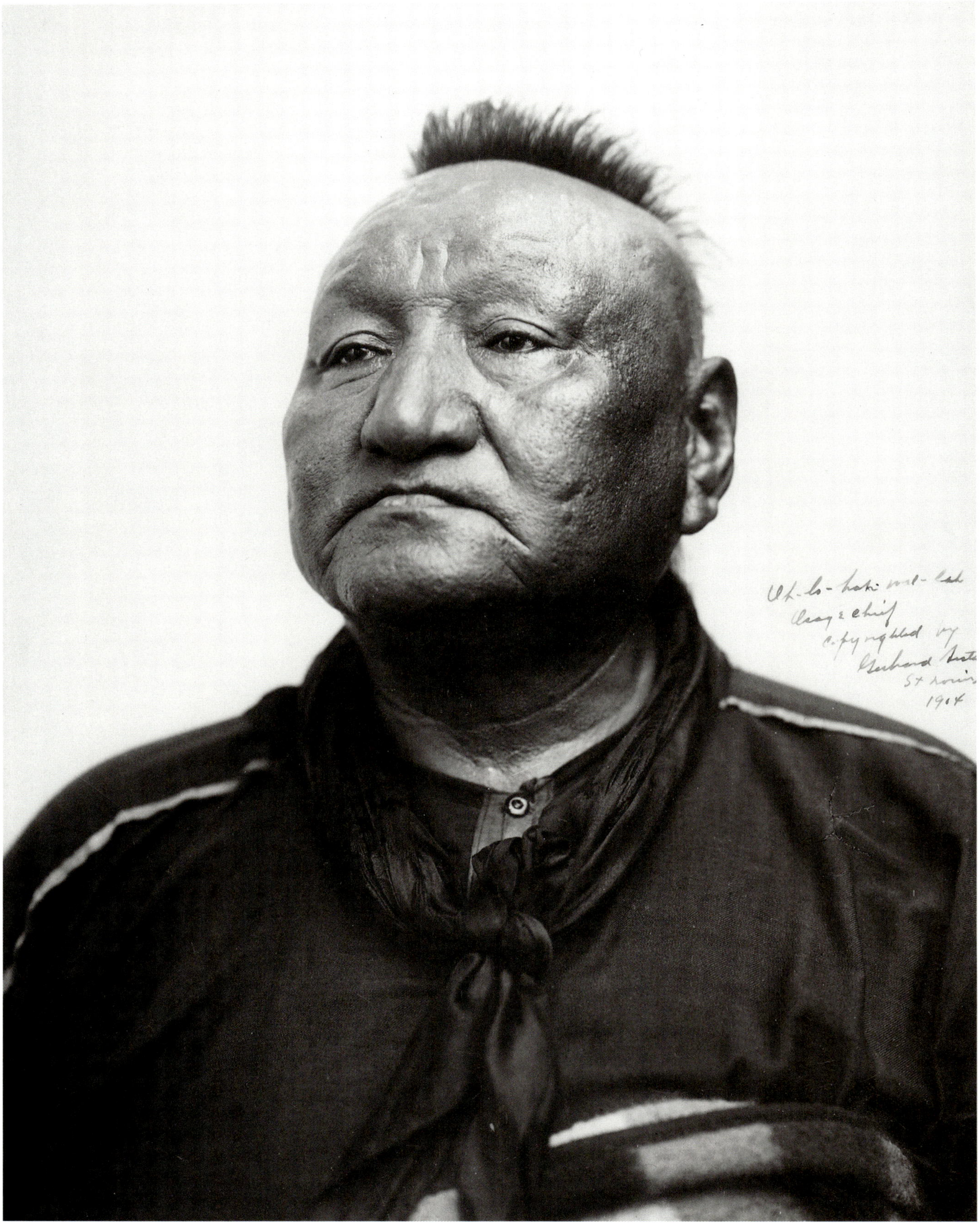

Häuptling Oh-lo-ho-walla von den Osage, aufgenommen 1904 bei der Louisiana Purchase Exposition.
GERHARD SISTERS

Rechte Seite: Profil eines Mannes, von dem nur der Name ‹San Diego› bekannt war, Louisiana Purchase Exposition, 1904.
GERHARD SISTERS

"San Diego" No. 1
Copyright by
Gerhard Sisters
1904

Chief
1904

Richard Davis, der Cheyenne-Informant des Anthropologen George Dorsey. Er trägt ein Kostüm, das von den Photographen später dem Field Museum, Chicago, Illinois, zur Verfügung gestellt wurde.
Gerhard Sisters

Apachenhäuptling Trucha bei der Louisiana Purchase Exposition.
Gerhard Sisters

Viertes Kapitel

Die Piktoralisten

Nach 1890 mußten die Berufsphotographen neue Techniken und Wege finden, um ihr geschäftliches Überleben zu sichern. In Kunstsalons und Photoclubs entstand eine neue Ästhetik der Photographie. Der amerikanische Westen wurde wiederentdeckt. Die Indianer waren nun nicht mehr als Sehenswürdigkeit von photographischem Interesse, sondern wegen der künstlerischen und ethnologischen Bedeutung, die sie dem neuen Medium Photographie verleihen konnten.[1]

Die Mitglieder dieser Clubs nannte man «Piktoralisten». Sie experimentierten mit neuartigen Kamerapositionen, extremen Nahaufnahmen, Weichzeichnerlinsen, künstlicher Beleuchtung, abstraktem Hintergrund, Kolorierung – praktisch allen möglichen Formen der technischen Behandlung ihrer Photos. Ihr Ziel war es, das Endprodukt mehr als ein Kunstwerk und weniger als eine nüchterne Photographie erscheinen zu lassen.

Alle Arbeiten der Piktoralisten besitzen einen hohen künstlerischen Wert und sind auf unterschiedliche Art romantisch. Mit ihren großartigen technischen Fähigkeiten und Talenten versuchten sie, die verschwindenden Lebensgewohnheiten der nordamerikanischen Indianer festzuhalten und wiedererstehen zu lassen.

Roland W. Reed

Roland W. Reed wurde 1864 in einer Blockhütte auf einer Farm im Fox River Valley von Wisconsin geboren. Der Ort lag weniger als hundert Meilen vom Geburtsort des vielleicht größten Piktoralisten der nordamerikanischen Indianer, Edward S. Curtis, entfernt. In der Nähe von Reeds Haus lag ein Pfad, den die Menomini-Indianer benutzten, um während der Jagdsaison von ihrer Heimat am Nordufer des Lake Poygan zu den Lagerplätzen am Fond du Lac in Minnesota zu gelangen. Als Kind lernte Reed sie kennen und sehnte sich danach, den Indianerjungen zu folgen, wenn sie diesen Waldweg entlangzogen. Es war eine Sehnsucht, die ihn nie verließ.

Als Reed sieben Jahre alt war, ereignete sich etwas, das ihm, wie er sich später erinnerte, eine große Achtung vor den Indianern einflößte. Reed schrieb:

«Im Frühling 1871 nahmen mein Lehrer und zwei seiner Schüler – Jungen im Alter von ungefähr sechzehn Jahren – ein Kanu und fuhren über den See, um etwas Immergrün zur Dekoration des Schulraums zu sammeln. Auf der Rückfahrt kenterte das Kanu und der Lehrer ertrank. Die Jungen wurden völlig erschöpft von drei Indianern entdeckt und ans Ufer gebracht. Sie machten ihnen eine Brühe und ließen sie die Nacht in einem großen Heuhaufen schlafen, um ihren Kreislauf wieder in Schwung zu bringen und sie aufzuwärmen. Ich kannte diese Indianer gut, vor allem einen mit dem Namen Thundercloud, den Anführer dieser Gruppe. Er wurde nach der Rettung der Jungen der Held meiner Kindertage.»

Sein ganzes Leben lang war Reed ein umherziehender Abenteurer. Er verließ schon in jungen Jahren sein Zuhause, bereiste den größten Teil Nordamerikas und arbeitete in ganz Kanada, im Mittleren und im Südwesten beim Bau der Eisenbahn. Dabei traf er Indianer vieler Stämme und freundete sich mit ihnen an. «Ich weiß nicht warum», schrieb er, «aber keine meiner Reisen gefiel mir, wenn sie mich nicht ins Indianerland führte.»

Nicht alle seine Begegnungen mit Indianern verliefen freundlich. Auf einer Reise folgte Reed dem Mormonenpfad nach Globe in Arizona. Er verbrachte die Nacht bei einem Trupp der US-

‹Bear's Belly›, ein Arikara.
Edward S. Curtis

Armee, der ein Apachendorf beobachtete. Am nächsten Morgen machte sich Reed allein auf den Weg zur Agentur in San Carlos, schlug aber den falschen Pfad ein, der ihn in ein Lager feindlicher Apachen führte. Sie behandelten ihn unsanft, ließen ihn jedoch laufen. Später erfuhr Reed, daß sie kurz zuvor einen Mann getötet hatten. Sein Kommentar: «Leider war es mir der Umstände wegen nicht erlaubt, den Apachen zu photographieren, als ich ihn fand – denn damals war ein Indianer noch ein Indianer.»

Von 1890 an war Reed Zeichenlehrer. Längs der Great Northern Railroad von Nord Dakota nach Montana fertigte er Landschaften und Indianerporträts in Kreide und Bleistift an. Die Schwarzfußindianer von Montana zählten zu seinen ersten Motiven. Obwohl er noch nicht photographieren konnte, hatte er bereits erkannt, wo die Zukunft lag:

«Wenn ich diese offenbar einfache Art, Bilder (Photos) zu machen beherrschen würde, hätte ich keine Probleme, alle Indianerbilder zu bekommen, die ich will.» Seine frühen Skizzen tauchten nie auf und wurden wahrscheinlich vernichtet.

Reeds Wunsch ging in Erfüllung. Von 1893 bis 1897 war er Lehrling bei dem Studiophotographen Daniel Dutro aus Havre, Montana. Reed und Dutro reisten zusammen von Stadt zu Stadt, immer der Great Northern Railroad entlang. Einige ihrer Indianerphotos wurden an die Werbeabteilung der Eisenbahngesellschaft verkauft, die damit Passagiere in den amerikanischen Westen lockte.[2]

1897 verließ Reed Dutro und wurde von der Associated Press in Seattle engagiert, um den Goldrausch von Yukon zu photographieren. Er versuchte, auch einige Photos von Indianern aus Alaska zu machen, fand jedoch die verbliebenen Ureinwohner völlig uninteressant. «Sie machten einen so schlechten Eindruck auf mich, daß ich im Frühling mit dem ersten Schiff nach Süden zurück in die Staaten fuhr, ohne ein brauchbares Bild gemacht zu haben.»

Als Reed 1900 in den mittleren Westen zurückkehrte, gründete er ein Studio in Bemidji, Minnesota, und später eines in Ortonville. Er machte jetzt Porträtphotos um genug Geld zur Finanzierung seiner Reisen zusammenzubekommen: Reisen zu den Chippewa von Minnesota, (Ojibway), zu den Indianern der Plains (Schwarzfuß, Cheyenne und Flathead) und zu den Völkern des Südwestens (Navaho und Hopi).

Reeds erste Begegnung mit den Chippewa in der Nähe seines Studios in Bemidji verlief nicht gut. Er hatte Schwierigkeiten, Bilder zu bekommen, und King Bird, der Häuptling der Chippewa, warf ihn aus dem Dorf Red Lake. Reed begab sich daraufhin tiefer ins Indianergebiet zur Indianerschule am Cross Lake im Dorf Ponemah, wo er in einer Hütte wohnte, aber die Chippewa wollten immer noch nichts mit ihm zu tun haben. Schließlich verschaffte ihm seine Kamera den Zugang zu ihnen. Nachdem er geduldig mehrere Tage in Ponemah gewartet hatte, wurde Reed von zwei kleinen Mädchen aus der Indianerschule gebeten, ihren kranken Bruder zu photographieren.

Als Reed einige Monate später ins Dorf zurückkehrte, hatte er den fertigen Abzug dabei. Der Vater des kranken Jungen wollte das Photo sehen, drehte sich um, ging weg und starrte es einige Zeit lang an. Schließlich fragte er Reed, was das Photo kosten würde. Reed erkundigte sich nach dem Jungen, und erfuhr erst dann, daß er gestorben war. Als er dem Vater das Bild schenkte, sagte er ihm, wie froh er sei, das Bild gemacht zu haben. Reed erinnerte sich: «Der gute alte Mann gab mir die Hand, und von da an war ich willkommen.»

1907 war Reed so berühmt und reich geworden, daß er seine Studios schließen konnte, um sich ganz auf die Indianerphotographie zu konzentrieren. Er war, so schrieb er, «entschlossen, all meine Kraft und Energie dafür einzusetzen, um das Erbe der Indianer zu dokumentieren». Reeds Absicht war es, mit einer Porträt-Sammlung ein endgültiges photographisches Zeugnis der nordamerikanischen Indianer zu schaffen.[3]

Seine ersten Motive waren 1908 die Piegan von Montana. Sie hatten ihr traditionelles zeremonielles und soziales Leben bereits verloren. Mit Hilfe der Alten, die sich an die «alten» Sitten noch erinnerten, rekonstruierte Reed seine Version der Geschichte dieses Volkes. Reeds Porträts und Landschaften, bei denen wenige Menschen in sehr formalen Positionen vorkommen, spiegeln den Stolz und die Würde wider, die er für sie wiederherstellen wollte.

1915 schuf er zusammen mit dem Autor James Willard Schultz einen Bildband mit dem Titel ‹Blackfeet Tales of Glacier National Park›. Sie brachten eine Gruppe Indianer mit Kostümen und Studio-Accessoires in die romantische Szenerie eines Parks. Die Schwarzfußindianer hatten dort zwar nie gelebt, stellten aber die Geschichten, die ihnen von den Stammesältesten erzählt worden waren, getreu nach. Die Touristenscharen, die den Park in jenem Jahr besuchten, sind nicht zu sehen. Das Buch übte einen großen Einfluß auf eine Generation von Lesern aus, die romantische Geschichten aus dem alten amerikanischen Westen liebte.

Im selben Jahr machte Reed auch fünfzehn Bromöldrucke im Format 90 × 120, einen im Format 90 × 76, und sechs im Format 90 × 60 cm für das Gebäude der Great Northern Railroad und für die Panama-Pacific Ausstellung in San Francisco. Eines dieser Photos, ‹The Pottery Maker› (Hopi), gewann eine Goldmedaille.

Nur wenig später wurden Reeds Photos von Pueblo- und Navaho-Indianern bei der Interna-

‹In die Wildnis›. Eine Gruppe Schwarzfußindianer im Glacier National Park, Montana, 1915. Solche Bilder wurden verwendet, um die ‹Geschichten der Blackfeet vom Glacier National Park› zu illustrieren.
Roland Reed

Daisy Norris, eine Schwarzfuß mit Traggestell für das Baby.
ROLAND REED

tional Exposition in San Diego ausgestellt, wo er möglicherweise auch ein Studio besaß, da er später einmal schrieb, er habe dort seine Negative gelagert.[4]

1932, 25 Jahre, nachdem er sein Lebenswerk den Indianern gewidmet hatte, kam Reed zu dem Schluß, daß «es nicht mehr möglich ist, authentische Indianerphotos zu erhalten. Die historischen Kostüme und Accessoires wurden sämtlich an Touristen verkauft, und es sind nur noch wenige echte Vertreter der Indianerrasse am Leben.»[5]

Reed produzierte Bilder nicht am laufenden Band. Er betrachtete seine Arbeit als Kunstform und arbeitete geduldig an der Verfeinerung seines Stils, bis er die wenigen Bilder, die ihm vorschwebten, geschaffen hatte. Die Herstellung eines Photos konnte bei ihm Wochen oder Monate dauern. Daher hat er in den ersten drei Jahren bei den Indianern auch nicht viel produziert, nur ein paar Negative. Später war er mit einem Dutzend guter Photos pro Tag sehr zufrieden. In einem Brief erklärte Reed, wie er seine Photos machte:

«Wenn man sich einem Indianer mit der Absicht nähert, ihn zu photographieren, muß man seine stoische Ruhe und seine Zurückhaltung respektieren, die den Amateurphotographen so oft zum Verzweifeln bringt. Ein Freund hat meine Methode einmal als eine Mischung aus der Geduld eines Chinesen, der Hartnäckigkeit eines Buchmachers und der Raffinesse eines Arabers beschrieben. Wenn ich mit meiner Photoausrüstung zu einem neuen Stamm komme, spreche ich niemals von dem Zweck meines Besuches, auch wenn ich Ponys und Führer miete. Wenn die Indianer schließlich aus Neugier nach meiner Arbeit fragen, antworte ich nebenbei: ‹Oh, zu Hause mache ich Bilder.› Nach ein paar Tagen fragt dann vielleicht ein Indianer... ‹Kannst du Bilder von uns machen?› Meine Antwort ist unverbindlich... ‹Ich weiß nicht... Vielleicht.› ‹Würdest du es versuchen?› ‹Irgendwann vielleicht, wenn ich Lust habe, Bilder zu machen.› Etwas später hat der Mann, der Bilder macht, offenbar alles vergessen, bis ihn ein indianischer Freund an sein Versprechen erinnert. Dann ist die Zeit gekommen, um Bilder zu machen.»[6]

Reed wollte seine Bilder nicht vermarkten und lehnte sogar ein Angebot von 15 000 Dollar für 200 seiner Negative ab. Er wollte sie nicht in der Werbung sehen. Eine Veröffentlichung seiner Photos erlaubte er ausschließlich dem ‹National Geographic Magazine›. 1933 plante er, Abzüge seiner Photos an Schulen, Bibliotheken und Pfadfindergruppen zu verkaufen, denn er wollte, daß seine Bilder nur zu erzieherischen Zwecken verwendet wurden.

Den Traum, seine Photos der nordamerikanischen Indianer zu veröffentlichen, verwirklichte Reed jedoch nie. Anders als Edward S. Curtis und Joseph Kossuth Dixon hatte er keinen Zugang zu den einflußreichen Kreisen der besseren Gesellschaft und kannte auch keine Gelehrten, die die Indianer studierten. Es gab keine reichen Mäzene, wie John Pierpont Morgan, Edward Harriman oder Rodman Wanamaker, die Reeds Expeditionen ins Indianergebiet finanzierten. Er mußte seine eigenen Ersparnisse verwenden und sein Einkommen als Photograph. Aber dennoch schuf er eine umfassende Studie und wird als einer der wichtigsten Piktoralisten in Erinnerung bleiben.

Als er 1934 starb, hinterließ er seinem Cousin Roy E. Williams eine Sammlung von etwa 70 Negativen, die Chippewa (Ojibway), Cheyenne und Schwarzfußindianer zeigten. Williams benutzte sie in Vorträgen für Schulkinder. 1977 verkauften Williams Erben die Sammlung und die Rechte an die Kramer Gallery in St. Paul, Minnesota, wo sich die Negative seither befinden. Die Kramer Gallery hat zusätzlich Photos von Reed erworben, wodurch die Sammlung nun 180 Glasplatten-Negative umfaßt. Ein fünfteiliger Katalog von Reeds Indianerarbeit ist in Planung.[7]

JOSEPH KOSSUTH DIXON UND DIE ‹WANAMAKER EXPEDITIONS OF CITIZENSHIP›

Als in den Jahren vor dem Ersten Weltkrieg der Patriotismus Hochkonjunktur hatte, versuchte eine Gruppe von besorgten Amerikanern das verzweifelte Los der Indianer in den Reservaten zu lindern. Wieder wurden Expeditionen in den Westen organisiert – diesmal aber von Privatunternehmern. Sie dienten nicht der Entdeckung oder wissenschaftlichen Studien wie in der Vergangenheit, sondern versuchten dazu beizutragen, die Indianer vor der kulturellen Vernichtung zu bewahren. Die während dieser Expeditionen aufgenommenen Photos und Filme sollten die indianische Geschichte bekannt machen und damit eine nationale Kampagne zur Anerkennung der Indianer als amerikanische Bürger einleiten. Das erschien vielen als der einzige Weg, das Überleben der nordamerikanischen Indianer zu sichern.

Der Geldgeber dieser Bewegung war Rodman Wanamaker, der Erbe einer Kaufhausdynastie aus Philadelphia. Leiter der Expedition wurde Joseph Kossuth Dixon, ein Jurist. Dixon war ein sehr erfahrener Photograph in der besten Tradition der Piktoralisten. Sein Sohn, Rollin Lester Dixon, leitete das Filmteam.

Die erste Expedition ging 1908 in das Tal von Little Bighorn in Montana. Die Dixons wollten dort eine Filmversion von Longfellows ‹Hiawatha› drehen. Der Film wurde im Crow Reservat mit indianischen Darstellern gedreht. Während Rollin filmte, machte Joseph Dixon über tausend Photos von der Landschaft und vom täglichen Leben der Indianer. Das Kaufhaus von Wanamaker brachte eine Fibel über nordamerikanische Indianer heraus, in der 80 Photos dieser Expedition verwendet wurden. Die Fibeln sollten an Schulen verteilt und als Lehrbücher benutzt werden.

1909 kehrte eine zweite Wanamaker-Expedition ins Tal zurück. Eine Volkszählung hatte ergeben, daß sich die indianische Bevölkerung um 65 Prozent verringert hatte. Wanamaker und Dixon glaubten wie viele ihrer Zeitgenossen, daß die traditionellen Indianer zum völligen Aussterben verurteilt wären. Auch die Stammesältesten hatten das Gefühl, daß sie die letzte Generation seien, die sich noch ihrer Tradition bewußt war. Sie wußten, daß sie bald sterben würden und ihr Volk dann mit der weißen Kultur verschmelzen würde. Sie machten sich auch Sorgen um das Leben ihrer Kinder. Häuptling White Horse von den Sioux sagte zu Dixon: «Ich war einer der ersten, der seine Kinder nach Hampton, Virginia, in die Schule (des weißen Mannes) schickte. Sie kamen alle zurück und starben an Schwindsucht.»[8] White Horse hatte sieben Kinder.

Die Expedition von 1909 wurde von Präsident William Howard Taft gebilligt. Auch der Beauftragte für indianische Angelegenheiten, Robert Grosvenor Valentine, sagte seine volle Unterstützung zu. Wieder fungierte Dixon als Leiter. Ziel der Expedition war es, das letzte Treffen der überlebenden Häuptlinge aus fast allen Reservaten des Westens festzuhalten: Apachen, Schwarzfuß, Cayuse, Cheyenne, Comanchen, Creek, Crow, Gros Ventre, Kiowa, Umatilla und Sioux trafen sich zum letzten großen Indianerrat.

Die Häuptlinge, die zwischen 50 und 80 Jahre alt waren, repräsentierten die letzte Generation, die sich noch an die alte Lebensweise erinnerte, welche sich inzwischen radikal verändert hatte. Der Rat bot ihnen die Möglichkeit, ihre Geschichte an zukünftige Generationen weiterzugeben. Dixon notierte ihre Geschichten und photographierte sie, wobei er einige Photos später in seinem Buch ‹The Vanishing Race› veröffentlichte.

Auf der Expedition stellten die Dixons die Schlacht vom Little Bighorn für Photo- und Filmaufnahmen nach. 30 Jahre nach den Ereignissen vom 26. Juni des Jahres 1876 spielten die Teilnehmer der Schlacht sich selber: die Scouts von Custer, die den Kampf überlebt hatten – Curly, Goes Ahead, Hairy Moccasin und White-Man-Runs-Him von den Crow auf der einen und der Cheyenne-Häuptling Two Moons und der der Sioux, Runs-The-Enemy, auf der anderen Seite.

Manche befürchteten, daß die Erinnerung an die alten Zeiten zum Ausbruch neuer kriegerischer Auseinandersetzungen führen würde. Doch Dixon erklärte, daß es der Zweck der Expedition sei, die authentischen indianischen Bräuche zu zeigen. Auch die alten Krieger, die einst den Kampf geliebt hätten, seien nun den «höchsten Idealen des Friedens» verpflichtet.

Dixon versprach den Indianern, daß seine Photos in der Hauptstadt für kommende Generationen aufbewahrt würden. Für alle Teilnehmer dieses letzten großen Treffens war es ein nostalgisches Wiedersehen mit vielen Stämmen. Red Cloud schrieb:

«Ich glaube, dieses ist eine große und gute Sache. Vom weißen Mann sind gute Sachen zu uns gekommen... Daß dieser Mann gekommen ist, um diese Bilder zu machen, die in Washington aufbewahrt und in großen Städten gezeigt werden sollen, ist gut für uns, denn die nächsten Generationen werden dadurch etwas über unser Verhalten und unsere Bräuche wissen. Es ist außerdem gut, all diese Häuptlinge zu treffen, die wie Brüder zueinander sind. Wir haben sie nie getroffen, wir werden ihre Gesichter nie mehr sehen, und deswegen glaube ich, daß dieses letzte Treffen der Häuptlinge eine große und gute Sache ist.»[9]

Am 12. Mai 1909 schlug Wanamaker dem Kongreß vor, im Hafen von New York ein nationales Denkmal zur ehrenvollen Erinnerung an die nordamerikanischen Indianer zu errichten. Dixon war Gutachter bei den Beratungen, und am 8. Dezember 1911 wurde das Kongreß-Gesetz für das Denkmal von Präsident Taft unterschrieben. Es sollte einen Indianer darstellen, der seine rechte Hand zum Friedensgruß seiner Rasse erhoben hält, es sollte größer als die

Joseph Kossuth Dixon spielt 1913 den Führern der Umatilla in Nord Oregon die Rede von Präsident Wilson vor.

Freiheitsstatue sein und in Bronze gegossen werden. Die Planung des Denkmals zog sich die nächsten zwei Jahre hin.

An Washingtons Geburtstag, dem 22. Februar 1913, fand auf einem Hügel bei Fort Wadsworth auf Staten Island, New York (wo heute die Verrazano-Narrows Bridge endet), die feierliche Grundsteinlegung statt. Der Präsident, Kabinettsmitglieder, Diplomaten, Armee- und Marineoffiziere und Repräsentanten aller Schichten sahen zu, wie 32 Häuptlinge von elf verschiedenen Stämmen eine Treueerklärung für die Vereinigten Staaten unterzeichneten und zum ersten Mal in ihrer Geschichte die amerikanische Flagge hißten. Dixon berichtete, daß «diese grauen alten Krieger erklärten, daß sie bisher niemals das Gefühl gehabt hätten, ein Teil dieses Landes zu sein». Bei der Zeremonie sprach Red Hawk von den Oglala-Sioux für die Häuptlinge:

«Es ist mein fester Glaube ... daß wir vom Großen Geist dazu bestimmt worden sind, in diesem Land zu leben. Ihr weißen Männer fandet mich hier. Ich bin heute hier. Ich habe hier geherrscht, als ihr zum ersten Mal über den großen Atlantik gesegelt seid und ich dachte, ihr seid nur zu Besuch gekommen. Von damals bis heute habt ihr unser Land vorwärts gebracht. Ihr habt mich zum Teil dieses Landes gemacht ... wir haben auf unsere indianische Art gelernt, einander wie Brüder zu lieben. Ich hoffe, ihr habt das auch gelernt. Laßt uns mit unseren Händen und unserem Verstand dafür sorgen, daß wir für den Rest unseres Lebens nicht wieder die alten Fehler machen.»[10]

Bei der Amtseinführung von Präsident Woodrow Wilson 1913 war auch eine indianische Delegation geladen. Diese Delegation reiste von Washington DC nach Philadelphia und besuchte Rodman Wanamaker in seinem Büro, wo ein festliches Essen serviert wurde. Mountain Chief, ein Schwarzfuß, schenkte Wanamaker eine Halskette aus Büffelzähnen und gab ihm den Namen «High Crow». Diese Ehre hatte sein Stamm bisher noch keinem Weißen erwiesen.

Angeregt durch diese Zeremonien finanzierte Wanamaker im selben Jahr die Expedition des Bürgerrechts, die wieder von Joseph Dixon geleitet wurde. Er hatte den Auftrag, die amerikanische Flagge als Symbol des Bürgerrechts von Fort Wadsworth, dem Ort des geplanten Denkmals, jedem der 189 Indianerstämme zu bringen. Dixon sollte jedem Stamm eine Flagge überreichen und sie in einer Wiederholung der New Yorker Zeremonie am Heimatort des jeweiligen Stammes hissen. Sechs Monate lang reiste Dixon mit der Eisenbahn durch das Land. Bei jedem Halt spielte er auf dem neuen tragbaren Grammophon, das gerade von der Thomas Edison Gesellschaft erfunden worden war, die Rede von Präsident Wilson. In dieser Rede versicherte Wilson, daß «der große Weiße Vater euch jetzt seinen ‹Bruder› nennt und nicht seine ‹Kinder›».

Über 20000 Meilen reiste man zumeist in einem privaten Eisenbahnwaggon, der auch über eine Dunkelkammer verfügte. Das Photographenteam bestand aus Joseph Kossuth Dixon, seinem Sohn Rollin, dem New Yorker Photographen John D. Scott und W. B. Cline, einem Photographen, der von George Eastmans Studio in Rochester ausgeliehen worden war. Von wem die Photos stammen, ist immer noch umstritten, aber wichtig ist, daß sie gemacht wurden. Den Zweck der Expedition, die Wanamaker finanzierte, beschrieb er in seinem Vorwort zu ‹The Vanishing Race›:

«Bei all diesen Expeditionen zu den nordamerikanischen Indianern ist das Hauptanliegen, die Lebensgeschichte der ersten Amerikaner zu verewigen und in ihren Herzen das Gefühl der Treue und Freundschaft zu ihrem Land zu stärken ... zu diesem Zweck wurden die Expeditionen losgeschickt, um historische Daten zu sammeln und ihre Sitten und Gebräuche, ihren Sport und ihre Spiele, ihre Kriegführung, Religion und das Land, in dem sie leben, in Bildern festzuhalten.»[11]

Dixons große Liebe zu den Indianern und seine romantische Einstellung wird in der Widmung seines Buches deutlich:

«Für den geheimnisvollen Menschen –
dessen Mutter die Erde ist –
dessen Vater die Sonne ist –
ein Kind der Berge und der Ebenen
ein gläubiger Anbeter in der großen Kathedrale Welt –
heute eine tragische Seele, die an den Küsten des westlichen Ozeans herumgeistert
für meinen Bruder, den Indianer.»[12]

Bilder von der Expedition von 1913 wurden 1915 auf der Panama-Pacific-Ausstellung in San Francisco gezeigt. Der frühere Präsident Theodore Roosevelt eröffnete die Ausstellung im Juli mit den Worten, daß die Photos die «schönste Darstellung der Indianer in der Kunst der Photographie» seien, die er je gesehen habe. Dixon hielt fünf Monate lang dreimal täglich einen Vortrag in der Ausstellung vor insgesamt mehr als drei Millionen Besuchern. Das Publikum konnte Abzüge kaufen, wodurch es Ausstellungsphotographen vermutlich erstmals möglich war, auf diese Weise bei einem solchen Ereignis einen Gewinn zu machen.

Der Ausbruch des Ersten Weltkrieges stoppte weitere Ausstellungen und die Errichtung des nationalen Denkmals. In patriotischem Eifer erreichte die Bürgerrechtsbewegung unter Leitung von Wanamaker und Dixon ein Kongreßgesetz, das die Bildung von zehn oder mehr Regimentern nordamerikanischer Indianer innerhalb der US-Armee genehmigte. Indianische Krieger, die auf dem Rücken der Pferde gegen das Militär gekämpft hatten, wurden nun Teil dieser Kavallerie.

Nach dem Ersten Weltkrieg verzögerte die Depression weitere Pläne für das Denkmal, aber Wanamaker und Dixon übten weiterhin Druck auf die Regierung aus, den Indianern die Bürgerrechte zu garantieren. Wanamaker, der es inzwischen zum Colonel der US-Armee gebracht hatte, sowie andere Repräsentanten des Kriegs- und des Innenministeriums besuchten indianische Zeremonien, um die Kriegshelden der Vergangenheit zu ehren. Indianische Delegierte wiederum zollten am Grab des Unbekannten Soldaten auf dem Arlington Friedhof einen bewegenden Tribut. Am 10. November 1921 adoptierte der Stamm der Crow im Willard Hotel von Washington DC, General Diaz, den Generalkommandeur der in Italien eingesetzten Truppen als Stammesmitglied. Häuptling Plenty Coups übergab Diaz von Krieger zu Krieger die indianischen Ehren und Insignien und verlieh ihm den indianischen Namen A-Chea Ohause oder seinen eigenen Namen Plenty Coups. Die Photos, die bei diesem Ereignis gemacht wurden, richteten das öffentliche Interesse auf die eigene mutige Geschichte der Indianer und ihren Platz in der Militärgeschichte Amerikas.

Bei allen drei Wanamaker-Expeditionen verwendeten die Dixons Kodak-3A- und Graflex-Kameras. Es wurden über 11000 Negative auf Glasplatten und Nitrofilm sowie 50 Meilen Kinofilmmaterial produziert. Das Filmmaterial hat im Lauf der Zeit gelitten, aber die Abzüge sind erhalten geblieben. 1965 hat die American Society of Magazine Photographers auch eine Reihe von Dixon-Photos entdeckt, die 1938 dem American Museum of Natural History von Wanamakers Familie geschenkt worden waren.[13]

Die Wanamaker-Expeditionen fanden zu einer Zeit statt, zu der die nationalen Schuldgefühle über die Auswirkungen der «Schicksalsbestimmung» auf die Indianer ihren Höhepunkt erreicht hatten. Die Ergebnisse sollten als Heilsbotschaft für beide Opfer des Kulturschocks verstanden werden. Das nationale Denkmal wurde nie gebaut, aber die Photosammlung von den Wanamaker-Expeditionen ist das eigentliche Denkmal der Indianer. Dixons Photos werden zwar von der Arbeit von Edward S. Curtis überschattet und häufig übersehen, aber es ist größtenteils der ethnographischen Kraft dieser Bilder zuzuschreiben, daß den nordamerikanischen Indianern 1924 schließlich die vollen Bürgerrechte garantiert wurden.

Edward S. Curtis

Edward S. (Sheriff) Curtis wurde am 16. Februar 1868 in Wisconsin geboren. Ende desselben Jahres unterschrieb Häuptling Red Cloud den Friedensvertrag von Fort Laramie, der die Indianerkriege der Sioux beendete. Darauf erklärte die Regierung der Vereinigten Staaten, daß es kein «Indianerproblem mehr gebe, ... und daß keine indianische Nation und kein indianischer Stamm ... innerhalb der Vereinigten Staaten als unabhängige Nation oder Macht anerkannt oder betrachtet wird». Die Indianer wurden als Mündel des Staats in die Reservate gezwungen und kämpften nun um ihre Existenz.

Curtis' Familie zog kurz nach seiner Geburt nach Minnesota, wo er in einem Gebiet aufwuchs, in dem die indianische Überlieferung noch überall präsent war. Die Chippewa (Ojibway), Menominee und Winnebago waren seine Nachbarn. Obwohl die meisten Grenzkriege vorbei waren, berichteten die Zeitungen noch immer von Massakern an Indianern oder Weißen. Die transkontinentale Eisenbahn war fast fertig, und die Büffel waren aus den Ebenen verschwunden. Curtis hatte gesehen, wohin die «Schicksalsbestimmung» geführt hatte.

Schon als Junge hatte sich Curtis eine eigene Kamera gebaut. Die photographischen Techniken brachte er sich mit Hilfe des Do-it-yourself-Lehrbuches ‹Wilsons Photographics: A Series of Lessons Accompanied by Notes on all Processes which are Needful in Photography› selbst bei. In seinen frühen Jahren in Minnesota arbeitete Curtis eine Zeitlang als Lehrling in einem Photostudio in St. Paul. Vielleicht hat er auch, allerdings erfolglos, versucht, ein eigenes Photogeschäft zu betreiben.

Im Herbst 1887 zogen Curtis und sein Vater, Reverend Johnson Curtis, nach Washington Territory, in der Hoffnung, die Lebensverhältnisse der Familie zu verbessern. Ein Jahr später kam der Rest der Familie nach: Mutter Ellen, Schwester Eva und die Brüder Ray und Ashael. Als Reverend Curtis kurz darauf an Lungenentzündung starb, mußte der zwanzigjährige Edward die Verantwortung für die ganze Familie übernehmen. Um genug Geld für Essen und Unterkunft aufzubringen, arbeitete er als Bauer und Fischer, suchte Muscheln und half bei Nachbarn im Haushalt. Trotz all dieser Beschränkungen in den frühen Jahren gelang es ihm auch noch, seine erste Kamera einem Mann abzukaufen, der für eine Reise in die Goldminen Kaliforniens einen Grundstock brauchte.

1891 erklärte das Zensusbüro die Grenzkriege offiziell für beendet. In diesem Jahr beteiligte sich Curtis mit einem Anteil von 150 Dollar am Photostudio von Cedarholm, Sanstrom und Rothi in Seattle, indem er eine Hypothek aufnahm. Mit Rasmus Rothi gründete er eine neue Partnerschaft, und das Studio wurde als ‹Rothi and Curtis, Photographers›, bekannt. Diese Partnerschaft dauerte ein knappes Jahr. Dann ging Curtis mit Thomas Guptill eine Verbindung ein. Sie nannten sich ‹Curtis and Guptill, Photographers and Photogravers›. Beide jungen Männer machten Porträts, und Curtis arbeitete auch noch die Druckplatten aus, die zur Vervielfältigung der Photos und der Zeichnungen verwendet wurden, die Guptill für lokale Veröffentlichungen anfertigte.

Das Geschäft von Curtis wuchs ebenso schnell wie seine Familie. Im Frühling 1892 heiratete er Clara Phillips, die drei Verwandte mit in die Familie brachte. Eine ihrer Schwestern, Sue Phillips Gates, arbeitete als Photodruckerin für Curtis und Guptill, ebenso wie ihr Cousin William W. Phillips. Eine dritte Phillips, Nellie, arbeitete auch für das Studio. Zum Haushalt gehörten dazu noch Curtis' Mutter und seine beiden jüngeren Geschwister. Außerdem sollten Curtis und Clara bald vier Kinder bekommen, die sie noch zusätzlich zu ernähren hatten. Derlei finanzielle Lasten verfolgten Curtis seine ganze Laufbahn hindurch.

1897 ging Guptill seiner eigenen Wege. Das Geschäft hieß nun: ‹Edward S. Curtis, Photographer and Photograver›. Zu diesem Zeitpunkt arbeitete Curtis' jüngerer Bruder Ashael im

Gravurgeschäft. Wie seine Bilder und journalistischen Berichte über den Goldrausch von Alaska in den Docks von Seattle zeigen, war auch er ein talentierter und geschickter Photograph.

Es ist noch immer nicht ganz geklärt, wie die ersten Indianerphotos von Curtis zustandekamen. Das erste stammt vermutlich aus dem Jahr 1895. Sicher ist, daß «Prinzessin» Angeline, wie sie genannt wurde, eines seiner ersten Modelle war. Angeline, die ältere Tochter des Squamish-Häuptlings, von dem Seattle seinen Namen hat, lebte in einer Hütte im Hafenviertel und verdiente ihren Lebensunterhalt damit, sich photographieren zu lassen. Sie galt als verschroben und soll das Haus des örtlichen Sheriffs schon öfter mit Muscheln beworfen haben. Als sie von Curtis für die Erlaubnis, sie photographieren zu dürfen, einen Dollar bekam, war ihr Kommentar: «Leichter als Muscheln auszugraben.»[14]

Curtis' Ruf als Meisterphotograph wuchs in gleichem Maße wie sein Familienbetrieb. 1896 gewann die Porträt-Ausstellung von Curtis und seinem Partner bei der National Photographers' Convention in Chauttaugqua, New York, eine Bronzemedaille für hervorragende Pose der Modelle, Beleuchtung und Farbtönung seiner Photographien. Später wurden sie von der Presse als die führenden Photographen der Puget Sound-Indianer bezeichnet, und ihre Arbeiten fanden sich in fast jedem Haus der nördlichen Pazifikküste. Es hieß auch, daß Curtis und Guptill ein photographisches Verfahren erfunden hätten, bei dem man den Abzug auf einer gold- oder silberhaltigen Trägerschicht entwickelt. Die Ergebnisse wurden als «brillant und schön und jenseits jeder Beschreibung» bezeichnet. Diese Beschichtungen waren wahrscheinlich die Vorläufer der Goldton-Bilder, für die Curtis später berühmt werden sollte.[15]

Curtis und sein Freund und Kollege Duncan Inverarity begannen die Puget Sound-Indianer zu photographieren, die in den Hopfenfeldern südlich von Seattle arbeiteten. Einige Zeit verbrachte Curtis auch im Tulalip-Reservat im Washington Territorium, wo er zum Beispiel auch einen indianischen Polizisten und seine Frau photographierte. Er gewann Zugang zu den Indianern und erwarb ihr Vertrauen, indem er sie als ebenbürtig behandelte. Curtis erklärte: «Ich sagte ‹wir› und nicht ‹du›, ... mit anderen Worten: ich arbeitete mit ihnen und nicht an ihnen.»[16]

Bei der National Photographic Convention 1898 gewann Curtis den ersten Platz in seiner Klasse. Ein Jahr später wurde ihm für ‹Evening on the Puget Sound›, ‹The Clamdigger› und ‹The Mussel Gatherer› dieselbe Ehre zuteil. Die Arbeiten von Curtis wurden mit den Werken der anderen Preisträger auf eine zweijährige Wanderausstellung ins Ausland geschickt und verschafften ihm internationale Anerkennung.[17]

Auch Curtis' Familienbetrieb hielt mit der Entwicklung Schritt. Eine Lokalzeitung berichtete, daß die Brüder 3000 Photos im Yukon-Gebiet gemacht hatten, ein gigantisches Unterfangen, das das gewaltige Interesse an den Goldminen Alaskas zu dieser Zeit widerspiegelt. «Wenn diese Photosammlung vollendet ist, wird sie die größte und am besten zusammengetragene dieses wunderbaren Landes sein.»[18]

Die Yukon-Expedition

Die Yukon-Expedition bedeutete nicht nur ein großes physisches Risiko, sondern auch ein finanzielles. Im Vergleich betrug die Miete der Familie Curtis 29 Dollar im Monat, während die Photoausrüstung allein für die Reise mehrere hundert Dollar kostete. Alle Familienmitglieder halfen mit, das Geld für die Ausrüstung aufzubringen, wozu ein übergroßes Zelt und eigens angefertigte Photoplatten gehörten.

Ende 1897 war Ashael auf dem Passagierdampfer ‹Rosalie› nach Skagway, Alaska, gereist. Er sollte im Norden bleiben und zwei Jahre lang photographieren und die Negative nach Seattle zum Entwickeln schicken. Bei seiner Rückkehr meldete er unglücklicherweise sofort seine persönlichen Rechte an seinen Glasplatten an. Wie meistens, damals wie heute, besaß das Photostudio das Copyright aller Bilder, die in der Firma von den Angestellten hergestellt

‹Prinzessin Angeline›. Die alte Tochter von Häuptling Siahl (Seattle) war viele Jahre lang eine bekannte Figur in den Straßen der Stadt und war eine der ersten amerikanischen Ureinwohner, die Curtis photographierte.
Edward S. Curtis

werden. Aber Ashael wollte die Kontrolle über seine Arbeit. Die Curtis-Brüder stritten um die Rechte und sprachen schließlich bis an ihr Lebensende nicht mehr miteinander.

Im März 1898 druckte das ‹Central Illustrated Monthly Magazine› einen Artikel von Curtis über den Yukon. Es war vermutlich seine erste Veröffentlichung als Autor. Obwohl unter sieben der Photos, die zum Artikel gehörten, sein Name stand, gibt es keinen Hinweis darauf, daß er zu dieser Zeit selbst, im Gegensatz zu Ashael, am Yukon gewesen war.

Im selben Jahr jedoch sollte Curtis an den Hängen des Mount Rainier eine zufällige Begegnung haben, die sowohl seinen Horizont, wie auch seine Ambitionen vergrößerte.

Auf einem seiner Trecks in die Berge traf Curtis zufällig auf die Mitglieder einer Reisegruppe der Regierung, die sich verlaufen hatte. Nachdem Curtis sie zu ihrem Lager zurückgeführt hatte, fand er heraus, wer die Gruppe leitete: der landesweit bekannte Naturforscher und Arzt Dr. C. Hart Merriman, Chef der US Geological Survey, außerdem der Naturforscher Dr. George Bird Grinnell, Autor und Herausgeber des ‹Forest and Stream› Magazins über die Plains-Indianer, und Gifford Pinchot, ein Pionier des Naturschutzes und Leiter der Forstabteilung. Nachdem Curtis diese Herren sicher durch die Berge geführt hatte, nahm er sie mit in sein Studio nach Seattle und zeigte ihnen Hunderte von Photos, die er von der Landschaft und den Indianern gemacht hatte. Sie waren beeindruckt. Im Frühling 1899 luden Merriman und Grinnell Curtis ein, als offizieller Regierungsphotograph bei einer wissenschaftlichen Expedition nach Alaska zu fungieren.[19]

Die Harriman-Expedition (1899)

Die Harriman-Expedition nach Alaska war ursprünglich als Luxusferienreise für den Eisenbahnmagnaten Edward Harriman geplant gewesen. Im Jahr zuvor hatte Harriman den Unternehmerkollegen J. Pierpont Morgan ausmanövriert, um die Union Pacific Railroad allein zu kontrollieren. Die Ruhe, die er dringend nötig hatte und die ihm sein Arzt verordnet hatte, nahm Harriman, der keine besondere Bildung genossen hatte, zum Anlaß, der Welt der Wissenschaft einen Beitrag zu leisten und seinen Namen in Akademikerkreisen und der besseren Gesellschaft zu verankern. Außerdem war es eine Möglichkeit, Routen für eine neue Eisenbahn durch Alaska zu erschließen.

Harriman hatte bei Merriman in Washington um Unterstützung für die Expedition ersucht. Es wurden 23 führende Autoritäten auf verschiedenen Gebieten zusammengetrommelt, zumeist aus dem angesehenen Cosmos-Club. Darunter waren der Naturforscher John Muir und der Landschaftsmaler Robert Swain Gifford. Mit dabei war auch eine Schiffsbesatzung von 89 Mann, Harrimans Familie, sowie etliches medizinisches Personal, Stenographen, Jäger und Packer – sie alle kreuzten zwei Monate lang vor der Küste Alaskas.

In Seattle schlossen sich Curtis und sein Photoassistent Duncan Inverarity der Gruppe an, und man brach in die Wildnis Alaskas auf. Während der Reise entwickelte Curtis ein besonderes Interesse an den verschiedenen ethnischen Gruppen, die sie trafen. Doch fast alle ethnographischen Photos, die während der zwölf Aufenthalte aufgenommen wurden, machte Merriman. Die Photographie wurde damals als bloße Dekoration der schriftlichen Beschreibung anderer Kulturen angesehen. Dennoch benutzte Merriman seine Kamera als Instrument wissenschaftlicher Dokumentation, und so entstand eine Serie detailgetreuer Studien der Gesichter der Ureinwohner, ihrer Kostüme, ihres Lebensraumes und ihrer Gebrauchsgegenstände.

Curtis photographierte auf der Harriman-Expedition nur wenige Indianer. Aber er und Duncan Inverarity entwickelten alle Negative von Merriman, und sie diskutierten vermutlich auch mit ihm über die Aufnahmen. Daneben beobachtete Curtis, wie Harriman indianische Sprachen und Lieder mit seinem neuen Wachszylinderapparat aufnahm. Er hörte auch Grinnells Bordvorlesungen über seine zwanzigjährige Erfahrung mit den Schwarzfußindianern.

Die Harriman-Expedition war die letzte große Expedition des 19. Jahrhunderts, die das ökonomische Potential von Amerikas «Frontier» erkunden sollte. Sie fand zu einem Zeitpunkt statt, als die Erfahrung der «Schicksalsbestimmung» gerade neu bewertet wurde. In den 90er Jahren wurde der Westen zum romantischen Symbol der traditionellen amerikanischen Kultur, wie sie vor ihrer Veränderung durch das Industriezeitalter und die Technologie bestanden hatte. Das unklar begrenzte Gebiet der «Frontier» hatte sich von einem wilden, verlassenen Ort, der nur zeitweise von Trappern, Jägern, Cowboys und Indianern bewohnt war, in eine dauerhafte Heimat von starken und selbstbewußten Siedlern verwandelt.[20]

Die rauhe Wirklichkeit der Erforschung und Pionierarbeit wurde nie mit allen Einzelheiten in Curtis' Alaska-Photos dargestellt. Fast alle 5000 Bilder der Expedition zeigten die geologischen Formationen, die meist von Curtis selbst aufgenommen wurden. Aber Curtis' Beziehung zu Harriman, dem mächtigsten Eisenbahnmagnaten der Zeit, zu Grinnell, einem führenden Ethnographen und Indianerexperten und zu den anderen Mitgliedern der Expedition veränderte sein Leben stark. Er erlernte die Technik wissenschaftlicher Untersuchungen und ethnographischer Studien anderer Kulturen. Und er nahm erste Kontakte mit den reichen und einflußreichen Gönnern im Osten auf. Sie sollten später von unschätzbarem Wert für ihn sein.

Es dauerte 15 Jahre, bis alle Ergebnisse der Harriman-Expedition veröffentlicht waren – und sie füllte 13 Bände. Zwei Bände wurden der Öffentlichkeit zugänglich gemacht und elf nur den Berufsgelehrten. Zusätzlich beauftragte Harriman Curtis, ein spezielles Erinnerungsphotoalbum für die Expeditionsteilnehmer zusammenzustellen.[21]

Anfang 1900 verkaufte Curtis sein Geschäft und übernahm das Studio von Frank La Roche, einem anderen bekannten Alaska- und Indianer-Photographen. Im selben Sommer folgte er einer Einladung Grinells und reiste mit ihm nach Browning, Montana. Sie ritten zu einem Zeltlager von Blood-, Schwarzfuß- und Algonquin-Stämmen, die sich zu ihrem jährlichen Sonnentanz im Kreis angeordnet hatten. Es war ein reges Treiben von Wagen, Pferden und Familien. Curtis schrieb:

«Weder Häuser noch Zäune verunstalteten die Landschaft und die weite wogende Prärie, die sich bis zu den Little Rockies erstreckt . . . war übersät mit Tipis . . . Es war der Beginn meiner konzentrierten Bemühungen, etwas über die Plains zu erfahren und ihr Leben zu photographieren, und ich war tief berührt.»

Dieser Sonnentanz war der letzte für viele Jahre. Die Zeremonie wurde aufgrund ihrer «barbarischen Grausamkeit» von der Regierung verboten. Curtis beschrieb sie als «wild, erschreckend und äußerst geheimnisvoll».[22]

Von 1901 bis 1906 photographierte Curtis die Indianer des Nordwestens, des Südwestens und der Plains. 1903 veranstaltete er in seiner Studiogalerie seine erste öffentliche Ausstellung von Indianerphotos. Er warb mit dem Satz: «Die letzten Bilder der Mohave, Zuni, Supia und Apachen.» Vom Beginn des 20. Jahrhunderts bis zum Ersten Weltkrieg erreichte das Interesse der Öffentlichkeit an Photos und Informationen über die Indianer seinen Höhepunkt. Curtis konnte die Bühne als Amerikas führender Indianerphotograph betreten.

Er machte jedoch keine Photos von halbassimilierten Völkern in Bluejeans und Cowboyhüten in den Straßen von Seattle, sondern er reiste in abgelegene Reservate, um die Indianer in traditioneller Kleidung zu photographieren, in der sie immer noch ihre alten Zeremonien in ihrer eigenen Umgebung abhielten.

Für seine ersten Bilder bat Curtis die Indianer, berühmte Schlachten nachzustellen oder für die Kamera Zeremonien vorzuführen. Er verbannte dabei jede Anpassung an die Kultur des weißen Mannes aus seinen Aufnahmen – etwa zeitgenössische Kleider oder Gegenstände –, um romantische Bilder des historischen amerikanischen Westens zu schaffen. Seine indianischen Modelle, von denen viele durch das Leben im Reservat demoralisiert waren, posierten gerne für die Aufnahmen, so als wollten auch sie ihre Vergangenheit wieder einfangen, jenes anscheinend sorgenfreie alltägliche und spirituelle Leben, das nun von Fremden verdrängt worden war.

Curtis lebte bei den Indianern und studierte ihre Gebräuche sehr gründlich, wodurch er ihr Vertrauen und ihre Freundschaft erwarb. Die Hopi nannten ihn «der Mann, der auf seinem Atem schläft», nachdem sie gesehen hatten, wie er seine Luftmatratze aufblies. Für die Sioux war er «Bashole Washte» (Pretty Butte – «butte» ist die Bezeichnung für einen isoliert gelegenen Hügel), vielleicht, weil er hübsch aussah oder auch wegen seiner schönen Photos ihrer Umgebung.[23]

1904 engagierte Curtis Adolph F. Muhr als Dunkelkammerassistent. Muhr hatte 1898 die Delegierten des Indianerkongresses bei der Trans-Mississippi-Ausstellung in Omaha photographiert. Er schien damals keine Indianerphotos zu machen, sondern sich eher mit der Laborarbeit zu befassen. Curtis nannte ihn das «Dunkelkammergenie» und überließ ihm die Entwicklung aller Negative. Später wurde Muhr von zwei Photographinnen, Imogene Cunningham und Ella McBride, unterstützt. Als er 1913 starb, übernahm Ella McBride zusammen mit Curtis' 17jähriger Tochter Beth die Leitung von Curtis' Studio.[24]

Curtis ging es vor allem um die Anerkennung durch das Smithsonian Institut. Deshalb gestaltete er seine Bilder sowohl wissenschaftlich als auch künstlerisch. 1904 reiste er an die Ostküste und diskutierte mit führenden amerikanischen Ethnologen über seine Arbeiten. Er war überzeugt, daß er sowohl Anthropologen mit neuem ethnographischen Material versorgen, als auch eine ansprechende Dokumentation für die Allgemeinheit liefern könne. Offensichtlich hatte sich Curtis zu diesem Zeitpunkt zu einer großangelegten, mehrbändigen Untersuchung der Indianer entschlossen, in der er seine Photos zeigen würde. Er wollte damit erreichen, daß die Indianer «von zukünftigen Generationen weder vergessen noch falsch eingeschätzt, weder zu sehr idealisiert noch unterschätzt würden». Und er erläuterte, daß er diese Arbeit für wesentlich hielt.

«Das Sterben jeder alten Frau und jedes alten Mannes bedeutet das Sterben einer Tradition, eines Wissens von heiligen Riten, die niemand sonst kennt; daher müssen die Informationen für zukünftige Generationen ... sofort gesammelt werden, sonst ist die Gelegenheit für immer verloren. Die gegenwärtige Aufgabe erwächst aus dieser Notwendigkeit.»[25]

Während seiner ganzen Laufbahn kämpfte Curtis um die Anerkennung der Gelehrten, die sich mit Indianern befaßten. Einer der ersten, die ihn unterstützten, war Frederick Webb Hodge, ein bekannter Anthropologe beim Bureau of American Ethnology (BAE) des Smithsonian Instituts, den Curtis Anfang 1904 aufsuchte. Hodge gab eine der wichtigsten Publikationen des BAE heraus: ‹The Handbook of the American Indians North of Mexico›. Er war außerdem der Herausgeber vom ‹American Anthropologist› und hatte ausgedehnte Feldforschung im Südwesten bei der Hemenway-Expedition betrieben. In den 90er Jahren hatte er auch zweimal mit dem berühmten Photographen A. C. Vroman zusammengearbeitet. Hodge erklärte sich bereit, für ein Honorar von sieben Dollar pro 1000 Wörter der Herausgeber von Curtis geplanten Bänden zu werden. Es war oft schwierig, die Summe zu bezahlen, dennoch war es für Curtis eine ehrenvolle und glückliche Verbindung.

Auf derselben Reise nach Osten besuchte Curtis Walter Page im Verlag Doubleday in New York, um über die Veröffentlichung seiner Indianerphotos zu sprechen. Sein erster Versuch scheiterte. Page weigerte sich, weil angeblich «der Markt voll davon ist. Ich würde sie nicht los!» Aber Curtis war hartnäckig, und als Page die Photos schließlich sah, war er bereit, sie in einer Auflage von 5000 Stück zu drucken. Dann reiste Curtis zur Feldforschung bei den Navaho von Arizona in den Südwesten. Über den Erfolg seiner Reisen war in der ‹Seattle Times› zu lesen:

«Die Wissenschaftler der Regierung, die ihr Leben dem Studium der Indianer gewidmet haben, erwähnten zufällig den großen Yabachai-Tanz. Es scheint, als gehöre dieser Tanz zu den am meisten geheimgehaltenen heiligen Riten der Navaho... Die Herren vom Smithsonian Institut sagten Mr. Curtis, daß Bilder des Tanzes vom Standpunkt des Indianerhistorikers aus unbezahlbar seien.»[26]

Am 15. März 1905 erhielt Curtis einen Brief von Matilda Coxe Stevenson, die für ihre ethnographische Arbeit über die Zuni bekannt war und zum Stab des BAE gehörte. Sie schrieb, daß sie die Schwierigkeiten, denen er bei seiner Arbeit begegne, verstehe, und lobte seine Bemühungen:

«Nur wenige werden die wahre Geschichte der untergehenden Rasse für zukünftige Generationen aufzeichnen, da es ohne gewisse Qualitäten einfach unmöglich ist, das Vertrauen der Indianer zu erhalten. Für mich bleibt es ein Wunder, daß sich Ihnen in so wenigen Jahren die Türen zum Innenleben so vieler Stämme geöffnet haben.»

Andere Ethnographen des 19. Jahrhunderts wie Franz Boas, der erste Anthropologieprofessor der Columbia Universität, der für seine Arbeit mit den Indianern des Nordwestens berühmt war, und James Mooney, der führende BAE-Experte für die meisten indianischen Kulturen, darunter die Stämme der Plains, zweifelten an der Zuverlässigkeit von Curtis' Feldforschung. Für sie blieb er stets ein Außenseiter.

Im Sommer 1905 begab sich Curtis ins Coleville-Reservat im Washington Territorium zur Einweihung eines Denkmals für den verstorbenen Nez Perce Häuptling Hin-mah-too-yah-lat-keht oder Thunder-Rolling-in-the-Mountains, allgemein unter dem Namen Häuptling Joseph bekannt. Der Häuptling und sein Neffe, Red Thunder, waren nur zwei Jahre zuvor in Curtis' Studio photographiert worden. Damals war Häuptling Joseph in Seattle gewesen, um eine Rede im Rahmen seines Kreuzzugs für die Nez Perce zu halten, in der er für ihre Rückkehr in ihre Heimat eintrat. Gleichzeitig mit der Einweihung des Denkmals wurde die Leiche von Häuptling Joseph in einer heiligen Zeremonie in den Okanogan Hills noch einmal begraben. Bei der Zeremonie waren noch zwei andere Photographen anwesend: Edward Latham, Arzt und Agent des Reservats, und Lee Moorhouse, ein früherer Indianeragent, dessen Bilder 1904 bei der Ausstellung in St. Louis gezeigt worden waren. Die Alten der Nez Perce widersetzten sich heftig der Anwesenheit von Photographen, und es dauerte viele Stunden, bis sie die Kameras akzeptierten. Es wird berichtet, daß Curtis während der Diskussion sogar mit seinem Gewehr drohen mußte, bevor das Photographieren erlaubt wurde.

Nach den Zeremonien ging Curtis nach Süddakota, um die Sioux zu besuchen. Häuptling Red Hawk und zwanzig Männer, die die Indianerkriege überlebt und sie in lebendiger Erinnerung hatten, führten ihn zuerst an den Ort, wo sich nur fünfzehn Jahre zuvor die Tragödie von Wounded Knee zugetragen hatte, und dann nördlich zu den Sacred Hills, um Curtis in diese Welt zurückzuversetzen. Während der dreiwöchigen Reise machte er sein berühmtes Photo ‹Oase in den Badlands›, das Red Hawk beim Tränken seines Pferdes in der Prärie zeigt. Bei seiner Abreise versprach Curtis den Männern, die mit ihm geritten waren, daß er bei seiner Rückkehr ein Erinnerungsfest veranstalten werde. Zwei Jahre später löste er sein Versprechen ein. Doch diesmal traf er Hunderte von Sioux, die für ihn alte Riten und vergangene Schlachten nachstellten.

Am 25. Juni 1907, 31 Jahre nach der Schlacht vom Little Bighorn, reiste Curtis mit seinem Sohn Harold von Wounded Knee ins Crow-Reservat nach Montana. Sie ritten zusammen mit den überlebenden Crow-Scouts der 7. US-Kavallerie, White-Man-Runs-Him, Hairy Moccasin und Goes Ahead und den Cheyenne und Sioux, die deren Feinde gewesen waren. Bis dahin hatte Curtis hauptsächlich mit Indianern gelebt – und sie studiert – die Fischer, Jäger und Bauern waren. Nun lernte er die militanten Krieger der Plains-Stämme kennen. Langsam erkannte er die Diskrepanz zwischen den Kriegsgeschichten, die er aus Büchern kannte, und der indianischen Version der amerikanischen Geschichte, die er nun erfuhr.[27]

‹Abholen der Braut›. Quagyuhl (Kwakiutl). Ein Standphoto aus dem Stummfilm ‹Im Lande der Kopfjäger›, der zwischen 1910 und 1914 vom Photographen und seiner Mannschaft produziert wurde.
EDWARD S. CURTIS

Während der nächsten paar Jahre reiste Curtis an die Ostküste, um eine Vorlesungsreihe über die ersten Amerikaner in renommierten Privatklubs zu halten. Dabei zeigte er Lichtbilder, die von seinen Negativen angefertigt worden waren. Es waren gut besuchte Veranstaltungen; in Washington zählte Präsident Roosevelt zum Publikum. Der Präsident betrachtete sich selbst als einen der letzten «frontiersmen». Romantische Bilder des «Rough Rider» (wie er im Volksmund genannt wurde) und der Indianer waren ein Teil des Bildes vom amerikanischen Westen, das er verewigen wollte. Als junger Mann hatte Roosevelt in den Indianerkriegen gegen die großen Häuptlinge, wie den Apachen Geronimo und den Comanchen Quanah Parker, gekämpft. Nun ritten sie in der Parade zur Amtseinführung des Präsidenten mit. Roosevelt lud Curtis ein, sie zu photographieren. Curtis machte auch ein Bild von Geronimo und fünf anderen Häuptlingen auf dem Rasen vor dem Weißen Haus, wo sie nach der Parade im Regen fröstelten. Roosevelt erklärte öffentlich, Curtis' Indianerphotographien seien Kunstwerke und wertvolle historische Dokumente, und wurde einer seiner glühendsten Verehrer.[28]

Nachdem er schätzungsweise 25000 Dollar aus eigener Tasche ausgegeben hatte, schlug Curtis dem reichen Eisenbahnunternehmer J. Pierpont Morgan in einem Brief ein Forschungsprojekt über die indianischen Völker vor. Er wollte seine Photos in einem Werk veröffentlichen lassen, das den Titel tragen sollte: ‹Die nordamerikanischen Indianer: ... Ihre Geschichte, ihr Leben, ihre Sitten, Zeremonien, Legenden und Mythologien in zwanzig Bänden mit fünfzehnhundert Bildern›.

Gemäß dem ursprünglichen Plan wurden die Ausgaben für Forschung und Veröffentlichung grob auf eineinhalb Millionen Dollar geschätzt. Curtis verlangte und erhielt ein zinsloses Darlehen von 75 000 Dollar, um fünf Jahre lang 15 000 Dollar jährlich für die Ausgaben zu haben. Zusätzlich erhielt er 1800 Dollar für Filmmaterial und Honorare für die Indianer, die sich photographieren ließen. 1911 sollte das Projekt abgeschlossen sein. Curtis selbst sollte keinen Lohn erhalten, aber er wurde der Verwalter des Projektes und sollte für weitere Spenden sorgen. Als Gegenleistung für seine Investition wurden Morgan, einem eifrigen Kunstsammler, 25 Ausgaben des Werkes sowie 500 Originalabzüge versprochen. Morgan gewährte Curtis später weitere 60 000 Dollar, um ihm zwei weitere Jahre Feldforschung zu ermöglichen. Außerdem gründete er eine Gesellschaft zur Veröffentlichung und für den Verkauf des ‹North American Indian›. Abonnenten zahlten 3000 Dollar für die Reihe von zwanzig Bänden und dieselbe Anzahl von Mappen. Zusätzliche Abzüge sollten durch weitere Verkäufe bezahlt werden. Als Morgan 1913 starb, wurde Curtis von Morgans Sohn Jack unterstützt. Nachdem Morgans Kunstsammlung innerhalb von zehn Jahren verkauft worden war, begann die Morgan Bank langsam, Curtis Geld zu geben. Aber das Vermögen der Pierpont Morgan Familie deckte in den folgenden Jahren lediglich die Druckkosten, und der Kampf um Spenden dauerte an.[29]

Zusätzlich zu den Photos, die in diesen Jahren entstanden, produzierten Curtis und seine Mitarbeiter auch Stummfilme. Schon 1904 hatte Curtis eine Filmkamera in den Südwesten mitgenommen, um den Yabachai-Tanz der Navaho zu filmen. Ein Jahr später machte er über 600 Photos und filmte den Schlangentanz der Hopi. Curtis' berühmtester Stummfilm ‹In the Land of the Headhunters› ließ das Leben der Indianer im Nordwesten wiedererstehen und wurde zwischen 1910 und 1914 gedreht. Die ethnographischen Daten steuerte George Hunt bei, ein Gewährsmann der Kwakiutl und Photograph für den Anthropologen Franz Boas. Der Text beruhte auf Legenden und mündlicher Überlieferung. Die Schauspieler dieses für das zeitgenössische Publikum dramatisch aufbereiteten Films trugen eigens entworfene Kostüme. Curtis war Produzent und Regisseur seiner neugegründeten Continental Film Company, aber der Film wurde zum Mißerfolg, vermutlich weil die Bilder, die aus dem Ersten Weltkrieg mitgebracht wurden, realistischer waren. Dennoch hatte er einen gewaltigen Einfluß auf spätere ethnographische Filme, darunter Robert Flahertys Klassiker ‹Nanook of the North› von 1921. Zum ersten Mal hatten Photographen und Indianer die Welt des Spielfilms betreten.[30]

1916 bezeichnete sich Curtis' Studio in Seattle als das «Heim der Curtis-Indianer», und Curtis begann, Abzüge herzustellen, die er «Curt-Tone» nannte. Seine Technik war eine Variante des «Orotone»-Verfahrens, das damals sehr beliebt war und allgemein als «Goldtone» bekannt war, was sich sowohl auf die Farbe, als auf den besonderen Lichteffekt bezog, der durch den Druck des spiegelverkehrten Bildes auf Glas erreicht wurde. Dann wurde das Bild mit einer Mischung aus Goldpigmenten und Bananenöl fixiert: «Das neue Curt-Tone-Verfahren der Indianerphotos ist in seiner Tiefe und lebensechten Brillanz äußerst ungewöhnlich ... Mr. Curtis sagt: ‹Der gewöhnliche Abzug, so gut er auch sein mag, hat keine Tiefe und Transparenz. ... aber bei dem neuen Curt-Tone bleibt die Transparenz enthalten, und die Bilder sind lebendig und funkelnd wie ein Opal.›»[31]

Im selben Jahr ließ sich Clara Curtis scheiden. Die Jahre, in denen Curtis sie vernachlässigt hatte, weil er auswärts photographierte und verreist war, um seine Arbeit über die Indianer bekannt zu machen, verlangten ihren Tribut. Die Scheidung, die bitter gewesen sein muß, gipfelte 1919 darin, daß Clara alles zugesprochen bekam, auch das Studio mit den ganzen Negativen. Curtis' Assistenten, die vielleicht Familienmitglieder waren, zerstörten in dieser Zeit offenbar alle Glasplattennegative. Von da an leitete Clara mit ihrer Schwester Sue Phillips Gates und ihrer Tochter Katherine Curtis das Studio, verkaufte Porträts und «Goldtones», bis es acht Jahre später an Joseph E. Gatchell verkauft wurde.

1920 zog Curtis mit seiner Tochter Beth, die Photographin war, nach Los Angeles, um sich eine neue Kundschaft aufzubauen. Da Abzüge von den Glasplattennegativen im neuen Studio aufgetaucht sind, müssen Zelluloid-Duplikate vor der Zerstörung der Originale in Seattle gemacht worden sein. Rechtlich gesehen hätten sie Clara gehört, und der Verkauf dieser Bilder sorgte für fortgesetzte Mißstimmungen und finanzielle Schwierigkeiten.

Die zweite Phase von Curtis' Lebenswerk vollzog sich in relativer Isolation. Die Veröffentlichung des ‹North American Indian› stockte, wobei Band 12 schließlich 1922 nach einer sechsjährigen Pause erschien. Die Öffentlichkeit hatte während der nächsten 30 Jahre nur sehr wenig Interesse an Photos von Indianern. Curtis wurde von den Ethnologen in Museen und Universitäten ignoriert, da er die meisten durch seine Unabhängigkeit und sein geringes Interesse an ihrer Arbeit befremdet hatte. Seine Kollegen und mächtigen Gönner hatten sich entweder zur Ruhe gesetzt oder waren gestorben, und er verlor ihre moralische und finanzielle Unterstützung. In dieser dunklen Periode wandte er sich wieder einmal der Phantasie zu – dem Film.

Curtis' erster Auftrag im Hollywood der zwanziger Jahre waren Bibelrecherchen für den Film ‹Die zehn Gebote› von Cecil B. DeMille. Später arbeitete er als Standphotograph und Filmkameramann und für ‹Adam's Rib› und ‹King of Kings› von DeMille. 1936 ging er nach Süddakota um bei ‹The Plainsman› mitzuarbeiten, einem Western mit Gary Cooper. In dieser Zeit erhielt er ein Angebot der Anthropologen Pliny Earl Goddard und Franz Boas, einen Teil des Films ‹Im Lande der Kopfjäger› an das American Museum of Natural History zu verkaufen. Goddard und Boas wollten nur das ethnographische Material von den Pfahlhäusern und einem Kanu, das von den Kwaikiutl unter der Anleitung von George Hunt gebaut worden war. Die Kosten für diese Sequenzen hatten den Großteil von Curtis' Budget für den Film ausgemacht.

Curtis hatte durch die Produktion von ‹Im Lande der Kopfjäger› 75 000 Dollar verloren. Jetzt arbeitete er für jemanden, der sich auf Unterhaltung spezialisiert hatte und der in wenigen Monaten mehr Geld ausgab, als Curtis in den ganzen dreißig Jahren ethnographischer Arbeit bei den Indianern verbraucht hatte. Curtis brauchte Geld und verkaufte das ungeschnittene Masternegativ und die Kopie für 1500 Dollar und verzichtete auf alle Rechte an seinem Film.[32]

1930 wurden schließlich der 19. und der 20. Band des ‹North American Indian› veröffentlicht. Die Einführung zum letzten Band würdigte dankbar den Beitrag der Familie Morgan, die zu diesem Zeitpunkt 400 000 Dollar für das Projekt ausgegeben hatte. Curtis schrieb:

«Groß ist die Freude des Autors, daß er endlich all denen, deren Vertrauen grenzenlos war, sagen kann, es ist beendet.»[33]

Curtis starb am 19. Oktober 1952 an einem Herzanfall im Haus seiner Tochter Beth Curtis Magnuson. Die ‹New York Times› widmete ihm einen Nachruf von 76 Wörtern, in dem sie ihn als eine Autorität auf dem Gebiet der Geschichte der nordamerikanischen Indianer bezeichnete. Es wurde auch erwähnt, daß er als Photograph bekannt war.

Curtis' photographische Arbeit über die nordamerikanischen Indianer umspannte die Jahre von 1900 bis 1930, umfaßte fast 80 Stämme und bestand aus nahezu 40 000 Bildern. Er schrieb vier Bücher, überwachte 16 weitere und machte mehr als 10 000 Aufnahmen von indianischen Sprachen und indianischer Musik – eine schwindelerregende Leistung. 1948 erbte die Washington Historical Society 15 Bände und 15 Mappen mit Bildern des ‹North American Indian›. 1977 wurden originale Kupferplatten im Keller der Buchhandlung Lauriat in New York entdeckt. Einige Abzüge wurden der Öffentlichkeit zugänglich gemacht. Curtis' Werk findet sich in zahlreichen privaten Sammlungen und Museen. Aber auch 40 Jahre nach seinem Tod ist der wahre Wert seines Riesenwerkes noch nicht voll erkannt worden.

Die Piktoralisten des amerikanischen Westens folgten zwar den alten Pfaden, aber in Freiheit: Sie konnten in einer relativ friedlichen Atmosphäre photographieren. Es herrschten keine Kriege mehr, statt dessen waren sie von Ethnologen, Universitätsforschern und Touristen umgeben, die mit der neuen Eisenbahn zu den Indianern strömten. Ebenso wie die «Frontier»-Photographen vor ihnen schleppten die Piktoralisten große Plattenkameras und nicht Kodak-Boxkameras wie die Amateure.

Reed, Dixon und Curtis waren Berufsphotographen mit einer ernsten Absicht. Sie betrachteten sich als visuelle Historiker, die sich sowohl der Wissenschaft als auch der Kunst verpflichtet sahen. Als wissenschaftliche Aufgabe wollten sie ethnographische Untersuchungen anstellen und die traditionellen indianischen Lebensgewohnheiten aufzeichnen, bevor sie vollkommen verschwunden waren. Idealistisch zogen sie aus, um den Mythos des «edlen Wilden» zu entdecken. Statt dessen fanden sie entmutigte Völker, die verzweifelt in Reservaten lebten. Realismus macht schlechte Photographen, und die Piktoralisten glaubten, daß ihre künstlerischen Fähigkeiten das wiederherstellen konnten, was sie schön fanden. Als Künstler hatten sie Phantasie und Achtung vor ihren Modellen. Sie benutzten die Kamera als Instrument kreativen Ausdrucks wie Maler den Pinsel.

Photographie erzählt auch Geschichten. Jedes Photo teilt die Zeit in zwei Bereiche: die Zeit vor und nach der Aufnahme. Die Welt, die das Photo zeigt, mag vielleicht niemals existiert haben, und wir kennen möglicherweise nie die wirkliche Geschichte. Aber wir wissen, daß vor der Aufnahme Realität existiert hat und danach existieren wird.

Darüber hinaus ist ein Photo auch eine Entscheidung darüber, was weggelassen wird, ebenso wie darüber, was aufgenommen wird. Die Piktoralisten hatten nicht die Absicht, den Betrachter zu täuschen, indem sie Elemente des Bildes veränderten oder ausschlossen. Sie wollten viel eher das Publikum zurückführen in eine verschwundene Welt und sie an das erinnern, was zerstört worden ist. Sie wollten den Indianern das zurückgeben, was man ihnen genommen hatte. Sie suchten bei ihren Modellen nach den ethnographischen und künstlerischen Elementen, die sich dafür eigneten.

Und so begann eine komplexe Verschwörung zwischen den Photographen und den Indianern. Zusammen erstellten sie eine idealisierte Vision, die die Bedürfnisse von beiden befriedigte. Beide Parteien hatten an der Wiedererschaffung der Geschichte einer ganzen Nation teil. Der Westen wurde zum Symbol von Amerikas romantischer Jugend, die Indianer selbst zum Symbol alter Weisheit und der Hoffnung für die Zukunft.

Es ist unser Bestreben, mit diesem Buch die gewaltige Kraft des Kulturschocks zwischen der Urbevölkerung und den Neuankömmlingen im amerikanischen Westen zu illustrieren, der zu der Situation führte, die die Meisterphotographen festgehalten haben. Unsere Absicht ist es, mit der Veröffentlichung dieser Bilder den nordamerikanischen Indianern einen Teil ihrer eigenen Geschichte zurückzugeben. Die Bilder sollen uns auf die fehlende Stimme der Indianer in unseren Geschichtsbüchern aufmerksam machen. Sie vermitteln, daß diese Völker ihren Ort und ihre Zeit hatten und haben – die Zeit der Ahnen und die Zeit der Generationen, die noch kommen werden. Sie sind nicht verschwunden, und sie werden nicht verschwinden. Es sind tapfere, zähe und würdige Völker. Es sind die ersten Amerikaner, und sie gehören zu der Gesamtkultur des Landes ebenso wie zu ihrer eigenen. Wir hoffen, daß diese Veröffentlichung und andere dieser Art dazu beitragen, daß diese Botschaft verbreitet wird.

> «Wir sind jetzt hier, wir waren hier seit Tausenden von Jahren,
> und wir werden immer hier sein. Wir haben sie alle zum Narren gehalten.»
>
> George Horse Capture, Gros Ventre

‹Not A Real Woman› mit Pferd und Lastenschleppe im Glacier National Park, 1915.
Roland Reed

‹Der Rat›. Schwarzfußindianer im Glacier National Park, 1915.
Roland Reed

Schwarzfuß-Häuptling in vollem Kopfschmuck.
Undatiertes Porträt.
ROLAND REED

Curley Bear, ein Schwarzfuß, 1915.
ROLAND REED

‹Der Ruf des Echos›. Undatierte Studie eines Schwarzfuß-Lagers.
Roland Reed

‹Lied des Canyon›, Schwarzfuß. Undatiert.
ROLAND REED

Daisy Norris.
ROLAND REED

‹The Pottery Maker› (Der Töpfer). Dieses Bild gewann 1915 bei der Panama-Pacific Exposition in San Francisco eine Goldmedaille.
ROLAND REED

‹Spannen des Bogens›. Ein Navaho-Indianer, aufgenommen zwischen 1913 und 1915.
ROLAND REED

Undatierte Studie eines alten Klippenhauses der Anasazi-Kultur des Südwestens.
Roland Reed

‹Allein mit der Vergangenheit›. Navaho-Indianer schauen zu den Casa Blanca-Ruinen der alten Anasazi-Kultur (ca. 600 bis 1300) im Canyon de Chelley, New Mexico.
ROLAND REED

Blick auf die Casa Blanca-Ruinen.
ROLAND REED

‹Schäfer der Hügel›, 1915.
Porträt eines Navaho-Indianers
des Südwestens mit Namen
Many Coats.
Roland Reed

Hopi Walpi Pueblo, Arizona, 1915.
Roland Reed

Emma, eine Kickapoo, eingehüllt in eine amerikanische Flagge, um den Patriotismus der nordamerikanischen Indianer zu symbolisieren. Aufgenommen bei der Wanamaker Expedition of Citizenship von 1913. JOSEPH KOSSUTH DIXON

Haskayelthnaga, eine Navaho. Dieses Bild wurde 1915 bei der Panama-Pacific Exposition in San Francisco ausgestellt. Es entstand während der Wanamaker Expedition of Citizenship, 1913. Joseph Kossuth Dixon

Häuptling Red Cloud, ein Oglala-Sioux. Aufgenommen während der Wanamaker Expedition of Citizenship, 1913.
Joseph Kossuth Dixon

Holding Eagle von den Gros Ventre. Aufgenommen während der Wanamaker Expedition of Citizenship, 1913.
Joseph Kossuth Dixon

Linke Seite: ‹Sonnenuntergang einer sterbenden Rasse›. Ein Photo der Wanamaker-Expedition.
Joseph Kossuth Dixon

‹Gesang für die Geister›. Noch ein Photo von einer der Wanamaker-Expeditionen.
Joseph Kossuth Dixon

Mrs. Wolf Plume, eine Schwarzfuß. Aufgenommen bei einer Wanamaker-Expedition.
Joseph Kossuth Dixon

‹Beim Baden›.
Joseph Kossuth Dixon

‹Der letzte Außenposten›.
Joseph Kossuth Dixon

Ein Schwarzfuß-Tipi, aufgenommen bei einer Wanamaker-Expedition.
Joseph Kossuth Dixon

‹Beim Sammeln von Büffel-Beeren›.
Joseph Kossuth Dixon

‹Im Topf rühren›.
Joseph Kossuth Dixon

‹Erklimmen des Westhangs›.
Joseph Kossuth Dixon

‹Die Badenden›.
Joseph Kossuth Dixon

Oben links: Takes Five, ein Crow, aufgenommen im Tal von Little Bighorn, Montana, 1909. Abbildung zu ‹Die untergehende Rasse›.
Joseph Kossuth Dixon

Oben rechts: Häuptling Bear Ghost, Crow/Creek/Sioux, aufgenommen für ‹Die untergehende Rasse›, Tal des Little Bighorn, Montana, 1909.
Joseph Kossuth Dixon

Rechts: Häuptling Tin-Tin-Meetsa von den Umatilla. Eine Abbildung für ‹Die untergehende Rasse›. Tal des Little Bighorn, Montana, 1909.
Joseph Kossuth Dixon

Links: Häuptling Umapine von den Cayuse. Ein Porträt, das 1909 für ‹Die untergehende Rasse› im Tal von Little Bighorn, Montana, aufgenommen wurde.
Joseph Kossuth Dixon

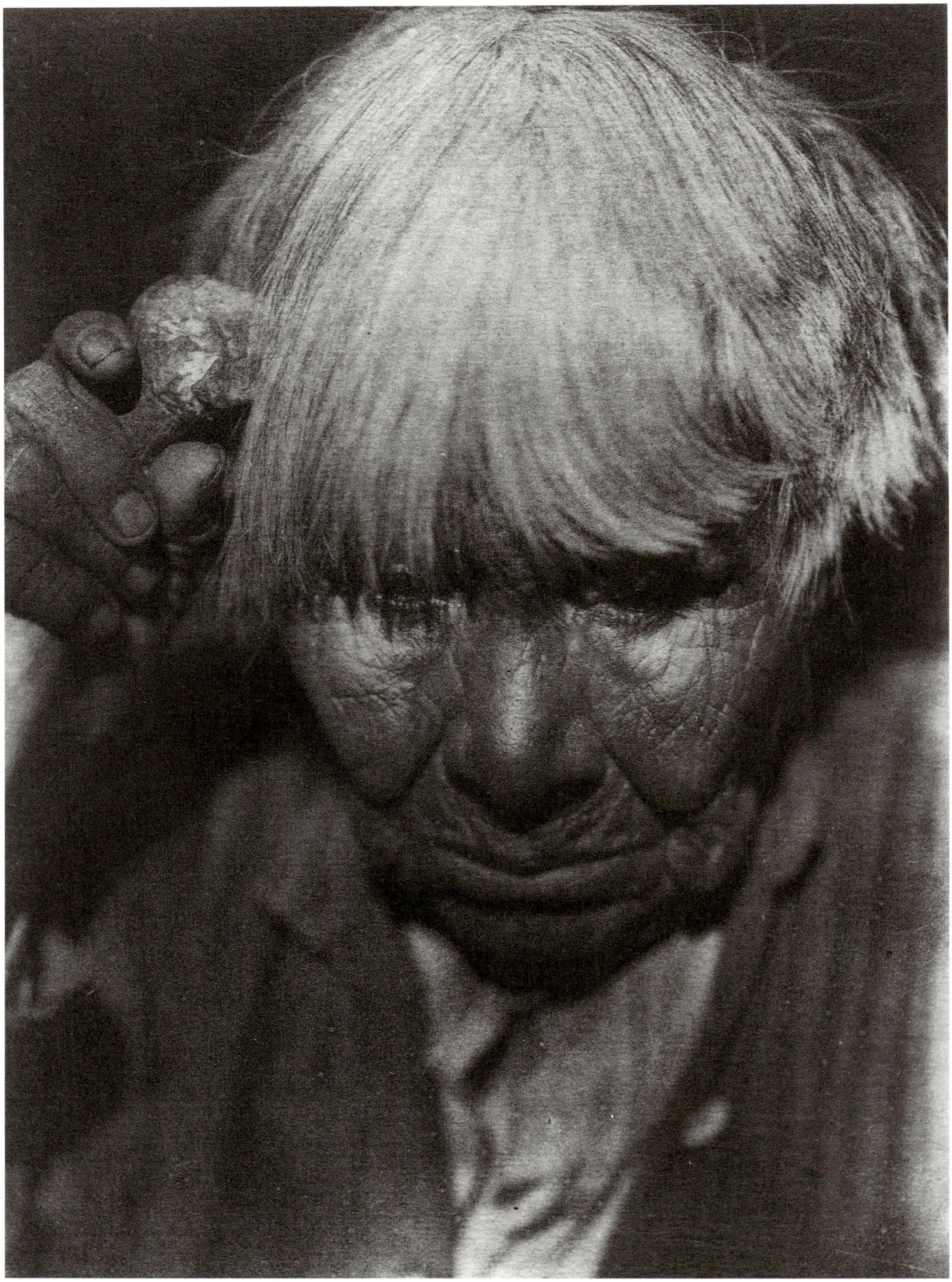

‹Alte Frau in Trauer – Yuki›.
EDWARD S. CURTIS

Häuptling Red Cloud von den Oglala-Sioux, aufgenommen um 1905.
EDWARD S. CURTIS

‹Ein Assiniboin-Lager›.
Edward S. Curtis

‹Schwere Last›. Sioux-Frauen bei der schweren Arbeit im Lager.
Edward S. Curtis

‹Der Deckenweber›, Navaho. Aufgenommen im Sommer, als die Webstühle im Freien aufgestellt waren.
Edward S. Curtis

‹Am Little Bighorn›, Montana. Dieses Photo wurde um 1908 aufgenommen, in der Nähe des Ortes, zu dem Crow-Scouts General George Armstrong Custer und die 7. US-Kavallerie führten, an dem sie 1876 in der berühmten Schlacht von Little Bighorn gegen die Sioux kämpften.
Edward S. Curtis

Slow Bull, ein Oglala-Sioux.
Edward S. Curtis

Horse Capture, ein Atsina. EDWARD S. CURTIS

‹Spokan Man›. EDWARD S. CURTIS

‹Nespilim-Mädchen›.
Edward S. Curtis

‹Quilcene-Junge› aus Hoods Canal, im Washington Territorium.
Edward S. Curtis

‹Medizinbeutel›. EDWARD S. CURTIS

‹Hano Töpfer›. Serpent Who Has No Tooth (Nampeyo), der berühmte Tewa-Töpfer von den Hano Pueblo in Arizona.
EDWARD S. CURTIS

Navaho-Mann als Nayenezgoni (Mörder der fremden Mächte) in der Nachtgesangszeremonie (Yeibichai). EDWARD S. CURTIS

‹The Pledger›, ein Piegan. EDWARD S. CURTIS

Two Whistles, Apsaroke (Crow).
Edward S. Curtis

Black Eagle, ein Assiniboin.
Edward S. Curtis

‹Abend am Puget Sound›. Dieses Photo wurde in der Nähe von Seattle, Washington, aufgenommen und gewann 1896 bei der National Photographers' Convention in Chautaugqua, New York, eine Bronzemedaille für «hervorragende Pose der Modelle, Beleuchtung und Farbtönung».
Edward S. Curtis

‹Tanz, um den Mond wiederherzustellen›, Quagyuhl (Kwakiutl), 1901. Die Kwakiutl glaubten, daß eine Mondfinsternis der Versuch eines Himmeltieres sei, den Mond zu verschlucken. Die Leute tanzen um ein glühendes Feuer, in dem alte Kleider und Haare verbrannt werden. Der Gestank dieses Feuers steigt in das Reich des Tieres auf, bringt es zum Niesen und dazu, den Mond wieder auszuspucken.
Edward S. Curtis

‹Feuerbohrer›, Koskimo.
Edward S. Curtis

‹Den Tänzern zuschauen›. Hopi-Mädchen in Walpi pueblo in Arizona, von einem Dach auf die Plaza hinunterschauend. Edward S. Curtis

Anmerkungen

Abkürzungen

GPO	Government Printing Office
NARA	National Archives and Records Administration
SIA	Smithsonian Institution Archives
SIAR	Smithsonian Institution Annual Report
SIARU	Smithsonian Institution Archives Record Unit
SINAA	Smithsonian Institution National Anthropological Archives
SINAA-BAE	Smithsonian Institution National Anthropological Archives – Bureau of American Ethnology

Einführung

1 Joseph Story, Discourse, Pronounced at the Request of the Essex Hist. Society, Sept. 18, 1828, in Commemoration of the 1st Settlement of Salem, Mass., zit. in Dippie (1982), 1
2 Philadelphia Photographer III, 35 (1866), 339
3 Ibid., 36, 371
4 Besprechung von Colonel Richard Irving Dodge, Our Wild Indians, SINAA, MS Nr. 4605, 116 (offenbar Ausschnitt aus Puck's Library XVIII (1888), 22
5 William Morris (Hrsg.), The American Heritage Dictionary of the English Language, Boston 1981
6 Horse Capture, 60
7 Current und Current, 226
8 Frederick Monsen, Picturing Indians with the Camera, in: Photo-Era, XXV (1910), 165–178, zitiert in Mitchell Lee Clark, 111
9 Fleming und Luskey, 214
10 Dippie (1982), 25

Erstes Kapitel

1 Donaldson, 745
2 Mitchell, Lee Clark, 97
3 Catlin, Bd. I, 19 (1973 Reprint, ix)
4 Ibid., 36 (1973 Reprint, 16)
5 Mitchell, Lee Clark, 100
6 DeVoto, 391–392
7 Catlin, Bd. I, 19 (1973 Reprint, xii)
8 Taylor, 40
9 Historical Society of New Mexico, Nr. 0407, zitiert in Taylor, 41–42
10 Horan, 23
11 Ibid., 61
12 Viola (1976), 20
13 Ibid., 21
14 Viola (1974), 245
15 Ibid., 248
16 Horan, 91
17 Philadelphia American Saturday Courier, 2. April 1842
18 McDermott, 2
19 Mitchell, Lee Clark, 123–124
20 Eastman (1962 Reprint), xvi
21 McDermott, 17
22 Joseph Henry an James Denver, 21. Februar 1859. NARA, Indian Affairs, Record Group 75, letters received (misc.)
23 McClees Rundschreiben in SINAA, Turner papers, acc. 76–112
24 Blackmore Tagebuch XVI, 1868, 17, History Library, Museum of New Mexico, William Blackmore collection, box 8, item 0070
25 Jackson (1874), Vorwort
26 Blackmore an Hayden, 4. März 1875. NARA, Korrespondenz des US Geological Survey, microfilm 623, roll 16
27 Jackson (1877), iv

Zweites Kapitel

1 Hamilton, 101
2 Mitchell, Lynn Marie, 101
3 Hamilton, 12
4 Mitchell, Lynn Marie, 101
5 Roosa, 389
6 Bemerkung Charley Eads, zit. in Hamilton, 11
7 Roosa, 389
8 Hamilton, 10
9 Anderson, John Alvin, Einleitung
10 Hamilton, 11
11 Mitchell, Lynn Marie, 102
12 Hamilton, 12
13 Marion Pond Harrison, pers. Brief an Wendy Cunkle, 31. Mai 1978, zit. in Cunkle, 71
14 Wyatt (1989), 13, weist darauf hin, daß Zeitungsberichte nicht eindeutig angeben, wer Landerking tatsächlich ausbezahlt hat; mit großer Wahrscheinlichkeit war es Winter.
15 Ibid., 24
16 Cunkle-Jorgenson Interview, 31. Januar 1977, zitiert in Cunkle, 73
17 Wyatt (1989), 36
18 John D. Ward von der Alaska Native Brotherhood in einem Brief vom 7. Januar 1928, zitiert in Cunkle, 74
19 Drucker, 165
20 Haycox, 40
21 Daily Alaska Empire, 23. 11. 1945, 5, zit. in Cunkle, 14
22 Wyatt (1989), 14
23 Ibid., 16
24 George Wharton James, in: Camera Craft, Nov. 1901, zit. in Webb und Weinstein, 14
25 Maurer, 4
26 Ibid., 6
27 loc. cit.
28 Arreola, 12
29 loc. cit.
30 Webb und Weinstein, 14
31 Houlihan, Patrick, Director's View: George Wharton James', in: Masterkey LX, 1 (1986), 2–3
32 Arreola, 13
33 Ibid., 14
34 The New York Times, 27. Januar 1906
35 Arreola, 17
36 James, 150, 153
37 Cortes, 25
38 Bemerkung von Charles Wagner, französischer Regierungsbeamter, zit. in Cortes, 25
39 Casagrande und Bourne, 13
40 Ritzenthaler und Johnson, 62
41 Casagrande und Bourne, 4
42 Matteson an William H. Holmes, 4. Juli 1908, SINAA-BAE, letters received
43 Casagrande und Bourne, 230
44 Ibid., 10
45 Matteson an William H. Holmes, 4. Juli 1908. SINAA-BAE, letters received
46 Webb und Weinstein, 13–14
47 Bourne, 13
48 Matteson, 93–94
49 Ibid., 97
50 Ibid., 99
51 Horse Capture, 70
52 Matteson an William H. Holmes, 1. Juli 1908. SINAA-BAE, letters received
53 Brief Roosevelts an Matteson, zitiert in Casagrande und Bourne, 32
54 Matteson an William H. Holmes, 10. Januar 1908. SINAA-BAE, letters received
55 Casagrande und Bourne, 33
56 Horse Capture, 71
57 loc. cit.

Drittes Kapitel

1 Tallis's History and Description of Crystal Palace, New York, 1851, I, 119 und II, 192, SIA
2 SINAA, Akte Bonaparte
3 John Carter (Nebraska State Historical Society), persönlicher Brief an Judith Lynn Luskey, 15. Mai 1992
4 SINAA, Akte Bonaparte
5 The New York Times, 14. April 1924 und Washington Post, 14. April 1924
6 Anonymes MS, World's fairs or Large Expositions, 1875, SIA
7 SINAA, MS 4410 (John K. Hillers Tagebücher 1872–1873 und 1875)
8 SIAR, 1876, 57
9 SIAR, 1894, 605
10 SIA Earll bis Good RV70, box 39, 1892
11 SIA RU70, box 31, 134
12 SIA RU70, box 31, 137
13 SINAA-BAE, 1893–1894, xci
14 SIAR, 1894
15 Sutton, Royal, The face of Courage: The Rinehart Collection of Indian Photographs, Fort Collins, Colo., 1872, (1)
16 Mooney, James, The Indian Congress at Omaha, in: American Anthropologist I, 1 (1899), 127
17 Bratley, 26
18 Sutton, op. cit. 5
19 Rinehart, Frank A., Rinehart's Indians, Omaha, Nebr., 1899
20 Bigart, Robert und Clarence Woodcock, The Trans-Mississippi Exposition of the Flathead Delegation, in: Montana, The Magazine of Western History XXIX, 4 (1979), 16–17
21 Herbert Welsh an Frances E. Leupp und W. B. Allen, 3. Dezember 1897. Indian Rights Association Papers, H.S.P.
22 Bigart, Robert und Clarence Woodcock, op. cit., 19
23 James Mooney an John Wesley Powell, 20. Oktober 1898, SINAA-BAE, letters received
24 Bigart, Robert und Clarence Woodcock, op. cit., 15
25 Joslyn Art Museum, Omaha, Nebr. (Begleitheft zur Ausstellung)
26 Bigart, Robert und Clarence Woodcock, op. cit., 22
27 Mooney, James, op. cit., 147
28 James Mooney an John Wesley Powell, 20. Oktober 1898. SINAA-BAE, letters received
29 Bigart, Robert und Clarence Woodcock, op. cit., 23
30 SIAR, 1905
31 Goulds City and Business Directory of St Louis, St. Louis 1903
32 Duayne Sneddecker (Missouri Historical Society), persönliche Mitteilung an Judith Lynn Luskey
33 Ibid.,

Viertes Kapitel

1 Current und Current, 227
2 Johnston, 44–57
3 loc. cit.
4 Ibid., 49
5 Ruby, 48–62
6 Johnston, 56
7 Kramer Gallery und Studio, (1981), 1–2
8 Dixon, Joseph Kossuth, The Vanishing Race: The Last Great Indian Council, Garden City, New York, 1913, 93
9 Ibid., 208
10 Reynolds (1971), 2
11 Dixon, Joseph Kossuth, op. cit. (Vorwort von Rodman Wanamaker)
12 Ibid., v
13 Reynolds (1966)
14 Davis, 21
15 Ibid., 17–19
16 Ibid., 21
17 Ibid., 29
18 Ibid., 23
19 loc. cit.
20 Ibid., 25
21 Ibid., 28
22 Ibid., 31
23 Ibid., 48, 52
24 Ibid., 54, 64
25 Ibid., 37, 55
26 Ibid., 37
27 Ibid., 52
28 Ibid., 40
29 Ibid., 64
30 Lyman, 37–60
31 Kirlin, 100
32 Davis, 69–72
33 Davis, 74–75

Bildnachweis

Mit freundlicher Genehmigung haben die unten genannten Bibliotheken, Museen und Galerien Bildvorlagen zur Verfügung gestellt. Die Negativnummern sind in Klammern gesetzt.

Alaska State Library, Juneau: 34–35 (87-001/87.002), 50–51 (87-043), 52 (87-297), 53 (87-007), 56 (87-020), 57 u. (87-037), 58 (87-303), 59 (87-070)

American Museum of Natural History (Department Library Services), New York: Wanamaker Collection: 104 (316631: President Wilson's Speech on Phonograph), 134 (316978: Emma Kickapoo), 135 (316423: Navajo Boy), 136 (316461: Oglala Sioux, Jack Red Cloud), 137 (316833: Gros Ventre, Holding Eagle)

Kramer Gallery and Studio, St. Paul, Minnesota: 101 (Into the Wilderness), 118 (The Council), 119 (Woman with Travois), 121 (Curley Bear), 124 (Echo's Call), 126 (The Pottery Maker), 127 (Stringing the Bow), 128 (Ancient Dwellings), 130 (Casa Blanca), 131 (Alone with the Past), 132 (Sheperd of the Hills), 133 (Walpi pueblo)

Missouri Historical Society, St. Louis: 92, 97

Milwaukee Public Museum, Milwaukee: 68 o. (44,276), 68 u. (43,781), 70 (43,922) 71 (112,055), 72 u. (44,775), 73 (44,610), 74 (44,480), 75 (44,509)

Nebraska State Historical Society, Lincoln: 30 (A547-70A), 32 (A547-88F), 42 (A547-165A), 43 (A547-6P), 44 (A547-1), 45 (A547-27P), 46 (A547-5P), 47 (A547-69P), 48 (A547-67P), 49 (A547-228)

Smithsonian Institution Libraries, Washington DC: 23, 98, 109, 114, 148, 149, 150, 152, 153, 154, 155, 156, 157, 158, 159, 160, 161, 162, 163, 164, 165, 166–167, 168, 169, 170

Smithsonian Institution National Anthropological Archives, Washington DC: 2–3, 8, 10, 12, 14, 15 o., 15 u., 16, 25, 26 o., 27, 28, 38, 60, 61, 62 o., 62 u., 63, 64–65, 66, 67, 69, 72 o., 76, 78, 82, 85, 86, 87, 88, 89, 90, 91, 93, 94, 95, 96, 102, 120, 122–123, 125, 138, 139, 140, 141, 142, 143 o., 143 u., 144 o., 144 u., 145, 146 r. o., 146 l. o., 146 u., 147

Smithsonian Institution National Museum of American Art, Washington DC: 24 (1985.66.1)

Bibliographie

Anderson, John Alvin, Among the Sioux, o. O. 1896

Anderson, Myrtle Miller, Sioux Memory Gems, Chicago 1929

Arreola, Paul R., George Wharton James and the Indians, Masterkey LX, 1 (1986), 11–18

Berkhofer, Robert F., Jr., The White Man's Indian, New York 1978

– White Conceptions of Indians, in: Handbook of North American Indians: History of Indian-White Relations IV (1988), 522–547

Bigart, Robert und Clarence Woodcock, The Trans-Mississippi Exposition of the Flathead Delegation, in: Montana. The Magazine of Western History XXIX, 4 (1979), 14–23

Bourdon, Roger J., George Wharton James, Interpretor of the Southwest, University of California at Los Angeles, 1966 (Diss. phil.)

Bourne, Phillips M., Matteson as Photographer, in: The Science Museum of Minnesota, Encounters V, 6 (1982), 12–13

Bratley, J[esse] H[astings], Teaching Indians of the Plains, in: Reutter, Winifred (Hrsg.), Dakota Days, Stickney 1962, 24–29

Casagrande, Louis B. und Joy Barbre, Side Trips: The Illustrated Adventures of Sumner Matteson, in: The Science Museum of Minnesota, Encounters V, 6 (1982), S. 6–9

Casagrande, Louis B. und Phillips Bourne, Side Trips: The Photography of Sumner W. Matteson, 1898–1908, hrsg. v. Milwaukee Public Museum and Science Museum of Minnesota, 1983

Catlin, George, Letters and Notes on the Manners, Customs and Conditions of the North American Indians Written During Eight Years Travel (1832–1839) Amongst the Wildest Tribes of Indians in North America (I–II), London 1844 (Reprint mit einer Einführung von Marjorie Halpin, New York 1973)

Cortes, Enrique, Advocate for the Golden State: George Wharton James in California, in: Masterkey LX, 1 (1986), 19–25

Cunkle, Wendy, Winter and Pond: Pioneer Photographers in Alaska, San Francisco State University, 1979 (Magisterarbeit)

Current, Karen und William R. Current, Photography and the Old West, New York. The Amon Carter Museum of Western Art, Fort Worth, Texas, 1978

Curtis, Edward S., The North American Indian: Being a Series of Volumes Picturing and Describing the Indians of the United States, and Alaska (I–XX), Cambridge, Mass. 1907–1930

Davis, Barbara A., Edward S. Curtis: The Life and Times of a Shadow Catcher, San Francisco 1985

DeVoto, Bernard, Across the Wide Missouri, Boston 1947

Dippie, Brian W., The Vanishing American: White Attitudes and U.S. Indian Policy, Middletown, Conn. 1982

– Catlin and His Contemporaries: The Politics of Patronage, Lincoln, Nebr. 1990

Doll, Don und Jim Alinder (Hrsg.), Crying for a Vision: A Rosebud Sioux Trilogy, 1886–1976. Photos von John A. Anderson, Eugene Buechel, Don Doll, New York 1976

Donaldson, Thomas, The George Catlin Indian Gallery in the United States National Museum (Smithsonian Institution) with Memoir and Statistics, SIAR II (1885/1887), 3–939

Drucker, Philip, The Native Brotherhoods: Modern Intertribal Organizations on the Northwest Coast, in: Bureau of American Ethnology Bulletin 168, 1958

Dyck, Paul, Brule: The Sioux People of the Rosebud, Flagstaff, Ariz. 1971

Eastman, Mary, Dahcotah; or, Life and Legends of the Sioux Around Fort Snelling, New York 1849 (Reprint Minneapolis 1962)

Ewers, John Canfield, An Anthropologist Looks at Early Pictures of North American Indians, New York Historical Society Quarterly Bulletin XXXII, 4 (1949), 223–234

– George Catlin, Painter of Indians and the West, in: SIAR 1955, Washington, DC 1956

Farr, William E., The Reservation Blackfeet, 1882– 1945: A Photographic History of Cultural Survival, Seattle 1984

Fleming, Paula Richardson und Judith Luskey, The North American Indians in Early Photographs, New York 1986, 1992[2]

Fleming, Paula Richardson, Indianer på glasplåt – traditionen att photographera indianer, in: Jacobson, Claes-Håkan, Rosebud Sioux: Ett Folk i Förvandling, Stockholm 1989, 60–82

Hamilton, Henry W. und Jean Tyree, The Sioux of the Rosebud: A History in Pictures, Norman, Okla. 1971

Haycox, Stephen, Alaskan Native Brotherhood Conventions: Sites and Grand Officers, 1912–1959, in: Alaska History (1989), 39–46

Horan, James D., The McKenney-Hall Portrait Gallery of American Indians, New York 1972

Horse Capture, George, The Camera Eye of Sumner Matteson, Montana, The Magazine of Western History XXVII, 3 (1977), 48–61

Jackson, William Henry, Descriptive Catalogue of the Photographs of the United States Geological Survey of the Territories for the Years 1869 to 1873 Inclusive (US Department of the Interior Miscellaneous Publications 5) 1874

– Descriptive Catalogue of Photographs of North American Indians (US Department of the Interior Miscellaneous Publications 9) 1877

Jacobson, Claes-Håkan, Rosebud Sioux: Ett Folk i Förvandling, Stockholm 1989

James, George W[harton], Palomas Apaches and Their Baskets, in: Sunset XI (1903), 146–153

Johnston, Patricia Condon, The Indian Photographs of Roland Reed, in: The American West XV, 2 (1978), 44–57

Kirlin, Raymond H. und Darrel Womack, «Curt-Tones»; The Goldtones of Edward S. Curtis, in: Hobbies, The Magazine for Collectors 1981 (Juni), 100–102

Kramer Gallery and Studio (Hrsg.), Images of the Southwest: Photographs of the American Indian, Roland Reed, Photographer, 1864 bis 1934, Kramer Gallery, St. Paul, Minn. (o. J.)

– Images of the Plains: Piegan Views I, Photographs of the American Indian, Roland Reed, Photographer, 1864–1934, Kramer Gallery, St. Paul, Minn. (o. J.)

Lyman, Christopher, The Vanishing Race and Other Illusions: Photographs of Indians by Edward S. Curtis, Washington, DC 1982. Siehe auch die Besprechung von Bill Holm in: American Indian Art Magazine VIII, 3 (1983), S. 68–73

Matteson, Sumner W., The Fourth of July Celebration at Fort Belknap, in: Pacific Monthly XVI, 1 (1906), 93–103

Maurer, Stephen G., In the Heart of the Great Freedom: George Wharton James and the Desert Southwest, in: Masterkey LX, 1 (1986) 4–10

McDermott, John Francis, The Art of Seth Eastman, Washington, DC 1956

McKenney, Thomas Loraine und James Hall, History of the Indian Tribes of North America, with Biographical Sketches and Anecdotes of the Principal Chiefs. Embellished with One Hundred and Twenty Portraits, from the Indian Gallery in the Department of War, at Washington, Philadelphia 1836–1844. (Ebenso J. T. Bowen, Philadelphia 1848 bis 1850; D. Rice und A. N. Hart, Philadelphia 1858; Rice, Rutter, Philadelphia 1868; D. Rice and Co., Philadelphia 187?)

Mitchell, Lee Clark, Witness to a Vanishing America: The Nineteenth-Century Response, Princeton 1981

Mitchell, Lynn Marie, Shadow Catchers on the Great Plains: Four Frontier Photographs of American Indians, University of Oklahoma, 1987 (Magisterarbeit)

– William Richard Cross, Photographer on the Nebraska–South Dakota Frontier, in: South Dakota History XX, 2 (1990), 81–95

Monsen, Frederick, Pictures of Indians with the Camera, in: Photo-Era XXV (1910), 165–178

N. N., John Alvin Anderson, Frontier Photographer, in: Nebraska History LI, 4 (1970), 469 ff.

Photographs of the Principal Chiefs of the North American Indians, taken when they have Visited Washington as Deputations from their Tribes, hrsg. von den Trustees of the Blackmore Museum, Salisbury, England 1865

Reynolds, Charles, Photographs from the Dixon/ Wanamaker Expedition, 1913, in: Infinity: The American Society of Magazine Photographers Trade Journal 1971, 1–30

Rinehart, Frank A., Rinehart's Prints of American Indians, Omaha, Neb. 1900

Ritzenthaler, Robert E. und Loe Johnson, The Artistry of Sumner W. Matteson, in: American Indian Art Magazine V, 1 (1979), 161–167

Roosa, Alma Carlson, Homesteading in the 1880's: The Anderson-Carlson Families of Cherry County, in: Nebraska History LVIII, 3 (1972), 371–394

Ruby, Jay, Photographs of the Piegan by Roland Reed, in: Studies in Visual Communication VII, 1 (1981), 48–62

Schoolcraft, Henry Rowe, Historical and Statistical Information Respecting the History, Condition, and Prospects of the Indian Tribes of the United States; collected and prepared under the direction of the Bureau of Indian Affairs per act of Congress of March 3rd 1847 (I–VI), Philadelphia 1851–1857

Schultz, James Willard, Blackfeet Tales of Glacier National Park, Boston 1916

[Shindler, Antonio Zeno], Photographic Portraits of North American Indians in the Gallery of the Smithsonian Institution, 1867 (1869), in: Smithsonian Miscellaneous Collection XIV, (1876), 216

Stedman, Raymond William, Shadows of the Indian: Stereotypes in American Culture, Norman, Okla. 1982

Taft, Robert, Photography and the American Scene: A Social History, 1839–1889, New York 1938 (Reprint New York 1964)

Taylor, Colin, «Ho, for the Great West!», Indians and Buffalo, Exploration and George Catlin: The West of William Blackmore, in: Johnson, Barry C. (Hrsg.), in: «Ho, for the Great West!» and Other Papers to Mark the 25th Anniversary of the English Westerners' Society, London 1980, 9–49

Truettner, William H., A Study of Catlin's Indian Gallery, Washington, DC 1979

Viola, Herman, Thomas L. McKenney; Architect of America's Early Indian Policy, 1816–1830, Chicago 1974

– The Indian Legacy of Charles Bird King, Washington, DC 1976

Webb, William und Robert A. Weinstein, Dwellers at the Source: Southwestern Indian Photographs of A. C. Vroman, 1895–1904, Albuquerque, Mex. 1973

Wyatt, Victoria, Images from the Inside Passage: An Alaskan Portrait by Winter and Pond, Seattle 1989

– Interpreting the Balance of Power: A Case Study of Photographer and Subject in Images of Native Americans, in: Exposure XXVIII, 3 (1991), 23–33

Register

In den Abbildungen vertretene Indianerstämme

Bei der Bildauswahl wurde nicht versucht, alle größeren Indianerstämme zu berücksichtigen. Vielmehr vermittelt die Zusammenschau der Bilder einen Eindruck davon, welche Stämme von vielen verschiedenen Photographen aufgenommen worden sind. Die folgende Liste der vertretenen Stämme enthält auch Verweise auf Bilder, in deren Unterschrift keine näheren Angaben zur Stammeszugehörigkeit zu finden sind. Viele Stämme haben mehrere Namen oder sind in kleinere Gruppen untergliedert. In diesem Register ist aber nur die Bezeichnung des jeweiligen Hauptstammes angegeben.